INVENTAIRE
V 97570

FERRET 1974

BIBLIOTHÈQUE ARTISTIQUE.

MANUEL COMPLET
ET SIMPLIFIÉ
DE LA
PEINTURE A L'HUILE
SUIVI DU TRAITÉ DE LA
RESTAURATION DES TABLEAUX,
PAR
GOUPIL, ÉLÈVE **D'HORACE VERNET.**

PRIX : 1 FR.

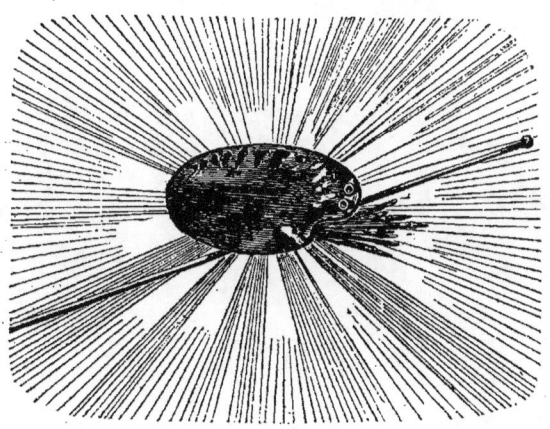

PARIS.
DESLOGES, LIBRAIRE, 4, RUE CROIX-DES-PETITS-CHAMPS.

1858

MANUEL COMPLET

ET SIMPLIFIÉ

DE LA

PEINTURE A L'HUILE

SUIVI DU TRAITÉ DE LA

RESTAURATION DES TABLEAUX,

PAR

GOUPIL, ÉLÈVE D'HORACE VERNET.

> Le dessin est un des plus excellents ouvrages de l'esprit.... Il n'y a donc rien que l'homme doive plus cultiver. BOSSUET.
> L'utile est une des vraies mesures du beau.

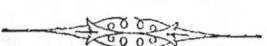

PARIS.
DESLOGES, LIBRAIRE, 4, RUE CROIX-DES-PETITS-CHAMPS.

1858

LES NOELS BOURGUIGNONS, suivis des **NOELS MACON-
NAIS**, par Fertiault. 1 vol. in-8, illustré de 24 beaux dessins. 5 fr.

POÉSIES NOUVELLES. 1 vol. in-8, par Thalès Bernard. 3 fr.

LES CONTES ENFANTINS. 1 vol. orné de gravures. . . 1 fr.

AVIS.

On se charge d'éditer et de vendre tout Manuel artistique, etc.,
pour compte d'éditeur ou d'auteur.

Paris. — Imp. de Pommeret et Moreau, 42, rue Vavin.

DE LA PEINTURE A L'HUILE.

Papier, Toiles, Panneaux.

En Italie, les anciens ont commencé par faire leurs tableaux sur panneaux fort épais et en bois de peuplier; en Flandre, on adopta le chêne inattaquable par les vers, toujours redoutables à la peinture sur bois. On imagina de les enduire quelquefois de cire ou de résine pour les préserver de l'humidité. M. Tachet fabrique aujourd'hui des panneaux en bois plaqué croisé en divers sens qui présentent toutes les garanties possibles de solidité. On imprimait anciennement les panneaux avec de la craie délayée dans de la colle animale ou bien avec du plâtre éteint. Montabert dit qu'aux dixième et onzième siècles, on collait sur les panneaux une toile qu'on imprimait d'un enduit blanc, analogue au stuc. C'est ainsi que les Chinois procèdent pour les grandes pièces de vieux laque, si remarquablement unies ; puis les toiles sont venues, qui les ont remplacés, et maintenant elles sont d'un usage presque général.

Il y a néanmoins quelques artistes qui, pour de petits tableaux de genre, préfèrent les panneaux, leur grain fin étant, selon eux, plus favorable que celui de la toile pour terminer et soigner minutieusement certaines parties délicates, entre autres *les nus*. Malgré cela, nous pensons qu'on doit s'abstenir d'employer les toiles de lin, et surtout celles de coton; celles de chanvre, les plus fines, écrues, d'un tissu bien égal et tendues sur châssis, avec clefs aux encoignures, sont les meilleures. Celles dont le tissu serait lâche, reprennent de la fermeté si on les enduit d'une couche de colle de gants tiède qu'on étend avec un couteau à manche coudé, en en promenant le tranchant émoussé et droit, comme une règle, à la surface de la toile, pour en égaliser l'application. L'encollage une fois sec, on ponce, et on applique deux ou trois couches de blanc de céruse, broyé avec une partie d'huile de noix et une d'essence de térébenthine, à la consistance d'une pommade. Au bout de trois à quatre jours, l'impression sera bonne, elle adhérera suffisamment à la toile et ne sera pas cassante. Cette préparation est peu coûteuse et très-recommandable dans son emploi.

Les tableaux des Vénitiens étaient généralement imprimés avec du plâtre, aujourd'hui on imprime généralement à l'huile.

Les marchands de Paris les impriment en les tamponnant ou en les ponçant après l'impression. On trouve chez eux des impressions très-variées pour la grosseur du grain, d'une couleur généralement jaunâtre. La pratique et l'observation démontreront les différents partis qu'on peut tirer du plus ou moins de grain de la toile, pour l'exécution pittoresque. Nous reviendrons sur ce sujet en parlant des procédés d'exécution, et nous dirons, en règle générale : qu'un peintre qui voudra exécuter un tableau de petite dimension devra choisir de préférence une toile lisse, à moins qu'il ne veuille y jeter une esquisse ou pochade rapide et d'une touche un peu heurtée, n'indiquant que des effets brillants de lumière. L'impression lisse stimulera et forcera pour ainsi dire le peintre à un fini précieux, qui est un des mérites des petits tableaux. (Voir les admirables peintures des Terburg, Metzu, Meyris, Ostade, etc., etc.) et de notre temps, les Meissonier, Paul Delaroche, Decamps.

Il n'est pas non plus indifférent de faire le trait d'un tableau avec n'importe quel genre de crayon. Nos jeunes artistes des académies ont l'habitude de crayonner au fusain, le trait d'une figure. Il est évident que le noir du fusain ne fait que salir les tons de chair; la craie serait à cet égard plus inoffensive; mais, après avoir tracé une figure nue avec la craie, on fera bien d'en chercher plus finement les contours, avec la sanguine, qui a plus de rapport avec la couleur de la chair. Il vaudrait encore mieux esquisser avec des crayons de pastel rosés, demi-durs. La mine de plomb est en tout cas d'un emploi détestable. On fait également usage d'un papier préparé de la même façon que les toiles : on s'en sert surtout pour peindre des études, d'abord en raison de l'économie qu'on trouve à s'en servir, ensuite à cause de la facilité qu'il offre à l'artiste voyageur dont les toiles ou panneaux augmenteraient de beaucoup le bagage, tandis que vingt ou trente morceaux de papier à peindre peuvent aisément tenir dans sa boîte de campagne. Au reste, si ce qu'on a fait sur papier mérite d'être conservé, on peut le faire *rentoiler*, c'est-à-dire le faire reporter sur châssis, comme il arrive pour la restauration lorsqu'on fait remettre de vieux tableaux sur toiles neuves.

Des Couleurs.

Beaucoup d'artistes du premier mérite ont des habitudes systématiques relatives à l'emploi de telle ou telle couleur de préférence à telle ou telle autre ; c'est une des choses qu'il faut éviter, car le bon sens nous dit que tout système doit être proscrit dans un art qui se propose surtout l'exacte reproduction de la nature, et, le but des recherches de l'artiste devant être de trouver les tons nécessaires pour en arriver là, il ne doit rien proscrire de la palette, excepté les couleurs qui noircissent avec le temps, celles qui peu à peu rongent ce qui les environne, et enfin, celles qui empêchent les mélanges dans lesquels elles entrent, de sécher aussi promptement qu'on pourrait le désirer.

Les couleurs se vendent en petites vessies et en tubes, on en trouve de toutes préparées dans beaucoup d'endroits, mais une fois hors Paris, ou travaillant loin d'une ville ; la provision qu'on a faite peut s'épuiser, et l'on a besoin, en ce cas, de pouvoir remplacer ce qui fait défaut, c'est pourquoi nous croyons devoir indiquer le moyen de s'en procurer sur-le-champ.

Pour cela on doit emporter dans ses excursions des couleurs en poudre, plus une glace dépolie dont l'emploi est spécial, avec une molette (les deux *outils* nécessaires pour broyer).

Le broyage s'opère en mettant sur la glace une certaine quantité de couleur qu'on arrose avec de l'huile blanche d'œillette, et qu'on écrase à l'aide de la molette en tournant et appuyant à la fois ; pour s'assurer que l'opération est bien faite, on prend un peu de couleur entre deux doigts, et, si on n'y sent plus de grain, c'est qu'elle est broyée suffisamment.

Afin de ramener la couleur mise en cet état sur le centre de la glace où s'est faite l'opération, on se sert de l'un des deux couteaux destinés à cet usage; l'un en fer ne saurait s'employer ni se mettre en contact avec les couleurs qui peuvent s'oxyder; pour celles-là on se sert d'un couteau de corne. Les couleurs qui craignent l'approche du fer, sont : le blanc, les ocres, le jaune de Naples et le jaune chrome : on peut, si on ne veut pas se donner la peine de mettre les couleurs en vessies, les placer dans de petits pots de porcelaine ou de faïence bien couverts.

Des Huiles.

On se sert pour peindre de deux espèces différentes : l'huile de lin, ou l'huile d'œillette, olivette ou de pavot, plus blanche que l'huile de lin, que bien des artistes remplacent par l'huile grasse, qui est préférable pour les couleurs qui se sèchent difficilement, telles que les laques, les bruns, les noirs; mais aujourd'hui on préfère le siccatif de Harlem qui est clair et ne communique aucune nuance aux couleurs.

Le moyen d'avoir une huile siccative inoffensive (c'est-à-dire qui ne jaunisse pas et n'altère pas les couleurs), c'est de faire concentrer celle de noix en la faisant bouillir une heure au bain-marie).

Les huiles essentielles sont : l'essence de térébenthine qu'on extrait de la térébenthine liquide, produit de certains arbres résineux.

L'huile d'aspic, provenant d'une grande lavande, commune en Languedoc. Réaumur s'en est servi pour dissoudre le copal;

L'huile de romarin; l'huile essentielle de lavande.

Les couleurs liquéfiées par les huiles volatiles sèchent plus promptement que les couleurs liquéfiées par les huiles fixes.

Une des qualités qu'on doit rechercher dans les huiles, c'est la blancheur ou transparence. Les huiles grasses sont habituellement foncées, elles font craqueler la peinture *si on en abuse.*

En général, toutes les huiles sont susceptibles de devenir siccatives, en étant chauffées avec la litharge ou oxyde de plomb.

Des Pinceaux et des Brosses.

Un bon pinceau doit présenter à l'œil la forme d'une plume bien taillée et bien évidée, c'est-à-dire qu'il doit n'être pas ventru et qu'il faut que sa pointe fine et déliée ait cependant la fermeté nécessaire pour se redresser lorsqu'on l'appuie sur le bout du doigt afin de l'essayer; si, au contraire, cette pointe n'est formée que par quelques poils flexibles qui se courbent sans pouvoir se relever, le pinceau ne peut être bon; il ne faut pas non plus que sa pointe se sépare en deux parties quand on lui fait subir l'épreuve que nous venons d'indiquer, après l'avoir d'abord mouillé dans un peu d'eau. Au reste, comme les pinceaux dont on se sert pour l'huile sont plus courts de poils que ceux qui servent pour l'aquarelle, il est plus facile de les trouver irréprochables sous le rapport de la fermeté, mais aussi on doit se méfier davantage du ventre, qui est un des défauts les plus à redouter.

Donc, finesse et fermeté à la fois, élasticité dans la pointe qui la fasse relever d'elle-même lorsque vous la courbez en l'essayant.

Les pinceaux qui sont en martre coûtent assez cher, mais durent plus longtemps; ceux qui sont en petit-gris coûtent peu, mais ne durent guère, en sorte qu'ils deviennent plus chers par le fait : ce qui les use promptement, c'est le lavage énergique auquel doivent être soumis les brosses et pinceaux dont on se sert pour la peinture à l'huile et qui ne trouve pas autant de résistance dans le poil doux et fin du petit-gris que dans le poil plus ferme et plus vigoureux de la martre.

On doit se munir d'une ou deux douzaines de brosses ; il faut les choisir de grosseurs assorties. Toutes doivent avoir à peu près la forme qu'on exige dans les pinceaux, bien que plus allongées, mais il serait nuisible qu'elles formassent aussi bien la pointe. Les plus grosses sont faites d'un poil plus ferme que celles qui leur sont inférieures en grosseur, lesquelles sont en poils de chèvre doux et soyeux, tandis que les premières sont en soies de porc choisies plus ou moins douces, selon la grosseur des toiles auxquelles elles sont destinées.

Il est bon de se servir de brosses préférablement aux pinceaux, car la peinture à l'huile demande à être traitée grassement, largement, et l'usage de pinceaux ou de brosses trop fines amène un résultat maigre et épinglé.

Les pinceaux de plumes ne doivent servir que pour poser sur un travail qui se finit par quelques touches fines et précises, ou pour quelques têtes faites sur une petite échelle, ou enfin pour de petites figurines d'hommes ou d'animaux qui, par leur dimension, ne sauraient être touchées convenablement, même avec les brosses les plus petites.

Il est inutile et gênant, lorsqu'on est à peindre, de tenir dans sa main plus de sept à huit brosses et de trois ou quatre pinceaux; lorsqu'on en a plus, il se perd un temps précieux à chercher entre eux ceux dont on a besoin.

Nous ne croyons pas utile de nous étendre sur la dimension que doivent avoir les brosses dont on se sert, elle doit être en rapport avec celle de l'objet dont on s'occupe.

D'ordinaire on ébauche avec des brosses plates; parmi les autres, les plus grosses servent à faire les fonds, les draperies et parfois aussi les meubles et les cheveux; les ciels non plus ne sauraient s'attaquer avec de petites brosses, même dans de petits tableaux.

Les teintes se perdent avec le blaireau, mais il ne faut pas en abuser, car si l'on abusait de ce moyen sans réflexion et sans l'intelligence de la chose, on en arriverait à faire de la peinture molle et n'ayant aucune énergie.

Pour vernir les tableaux, on se sert d'une large brosse plate appelée *queue de morue.*

Le nettoyage et le soin qu'on prend des brosses et des pinceaux contribuent à leur donner une durée plus grande.

Les brosses se nettoient avec du savon noir. Pour le faire convenablement, il faut mettre un peu de savon dans le creux de la main gauche, puis prendre chaque brosse à son tour et la faire tourner dans le savon, en ayant soin qu'elle soit un peu couchée pour que le mouvement qu'on lui imprime ne brise pas ses poils ou ses soies.

Lorsque vous les aurez ainsi imprégnées de savon, plongez-les dans une eau tiède ou froide, suivant la saison, puis, bien humectées, remettez-les sur le savon où vous les retournez encore, après quoi vous les lavez de nouveau, alternant ainsi votre nettoyage, tantôt dans la cuvette où se trouve l'eau, et tantôt dans le creux de la main où est le savon.

Lorsque vous jugerez à la maigreur du poil qui redonne sa forme à la brosse que les vôtres ne contiennent plus de couleur, vous les essuierez très-légèrement et très-soigneusement avec un chiffon.

Comme le savon brûle et altère la fleur du poil de vos pinceaux ou brosses, lorsqu'ils sont bien séchés, et si vous ne devez pas vous en servir de quelques jours, il est bon de les passer à l'huile d'olive.

Quand on replace ses pinceaux sur les fils de fer du *pincelier* dans la boîte à couleur, il faut avoir soin que leur pointe soit exempte de tout contact qui pourrait les courber ou les froisser. Tout pinceau ayant contracté un mauvais pli est un pinceau perdu.

Soins pour le travail et la conservation des pinceaux.

Les instruments de travail du peintre comme ceux du dessinateur exigent et méritent tous les égards et tous les soins possibles.

La poussière est ennemie jurée de la peinture. On raconte que le célèbre Gérard Dow, immortel auteur de la Femme hydropique, ne laissait pénétrer personne dans son atelier ; on prétend même qu'il y descendait par une trappe ménagée au plafond pour éviter les tournoiements poudreux qu'aurait pu soulever une porte sur le parquet, et qu'une fois entré, il restait assis immobile un quart d'heure devant son travail dans la crainte d'agiter par le mouvement de son corps des poussières qui auraient pu faire des grains et souiller la surface de la toile.

Le coke et le charbon de terre qu'on brûle dans les ateliers salissent beaucoup la peinture. Il est très-utile de tenir le tableau qu'on fait dans une position au moins verticale, afin d'empêcher les corpuscules aériens dont l'air est rempli de s'y attacher. Evitez de retourner votre toile contre le mur en la privant d'air, les huiles ne peuvent s'évaporer convenablement.

Les pinceaux laissés à la poussière, si vous ne peignez pas tous les jours, se rongent par la pointe. Il est utile de les tenir enfermés dans quelque boîte ou tiroir qui contienne du tabac ou qui soit imprégné de son odeur qui tue les mites invisibles, ennemis des poils.

J'ai vu à Florence, chez plusieurs peintres de mes amis, des boîtes ou châssis destinés aux tableaux en voie d'exécution, formant un rebord (tout autour de la toile), sur lequel, au moyen d'une tringle, on faisait glisser un rideau pour préserver le travail des inconvénients de la poussière.

Je tiens du célèbre Robert Fleury un procédé qu'il est fort utile de connaître en voyage pour emporter des esquisses faites à la hâte et qu'on n'a pu laisser sécher à loisir; il consiste à les couvrir de plusieurs feuilles de papier joseph, en évitant de les rouler. On les met en portefeuille les unes sur les autres sans les frotter.

A l'arrivée chez soi, on les laisse bien sécher au soleil, et on enlève ensuite le papier joseph avec un peu d'eau, il s'en va sous le doigt, et l'on n'a que fort peu de retouches à faire.

Soins de la palette.

Il est utile de tenir la palette propre et de la nettoyer chaque jour. Certains peintres se bornent à décharger les couleurs qui se trouvent rangées habituellement vers le bord supérieur, sur le bas de la partie inférieure et de les reporter, le lendemain, à la partie supérieure où elles doivent se trouver; on y ajoute en même temps un peu d'huile d'œillette pour les rafraîchir.

D'autres nettoient entièrement la palette après en avoir transporté les couleurs dans une assiette qu'on remplit d'eau pour les maintenir humides, ou sur des bandes de verre ou de glace qu'on met à tremper dans l'eau et toujours loin de la poussière.

On frotte le bois pour le décrasser avec un peu d'huile et de la prêle, et si la couleur est trop incrustée dans le bois, on peut ajouter de la térébenthine ou du savon noir.

Du jour le plus favorable pour peindre.

Presque tous les peintres préfèrent l'exposition au nord, et si l'on se trouvait obligé de travailler dans une pièce exposée au midi, il serait nécessaire de faire remplacer les vitres par des verres dépolis, ou bien on aurait à se procurer des stores, soit en calicot blanc, soit en papier végétal le plus transparent possible, collé sur de légers châssis de bois blanc.

Comme pour bien juger son travail, il est utile de s'en éloigner de temps à autre, de huit à dix pas environ, il ne faut pas peindre dans une pièce trop petite où l'on n'aurait pas de reculée. Si c'est une étude d'après nature qu'on doit faire, il faut se placer à la distance de deux fois et demie la hauteur du modèle, sans quoi l'on ne saurait se rendre compte de son ensemble.

Qualités de la palette.

La palette doit être légère au bras; il y en a d'ovales, de carrées; celles des Chinois sont en demi-cercle, le diamètre posant sur le bras, avec un trou pour le pouce ménagé d'un côté vers un des angles formés par le diamètre et la circonférence. Cette disposition est fort bien raisonnée et donne une grande facilité pour la juxtaposition des couleurs, qui se rangent très-commodément le long de la demi-circonférence. La palette la plus usitée est ovale et doit être plus épaisse vers l'ouverture qui sert à passer le pouce; quand elle est bien poncée et polie au tripoli fin, on l'imbibe d'huile de lin non cuite, cette huile devenant plus dure; on suspend ensuite la palette pour sécher à l'air, mais non au soleil. Cette opération est lente et on ne doit la cesser que lorsque le bois n'absorbe plus l'huile. Montabert conseille, au lieu d'huile seule, le copal dissous dans l'essence d'aspic et introduit dans le bois au moyen du feu. Ce procédé est expéditif.

Une palette dont le bois est d'une nuance sombre oblige, par l'effet du contraste, à monter de ton les mélanges, un fond sombre faisant paraître plus claires toutes les teintes qu'on y superpose.

Composition de la palette.

Blanc d'argent,
Blanc de plomb,
Jaune de Naples,
Jaune brillant,
Ocre jaune,
Ocre de ru (1),
Jaune indien,
Chrome clair,
Chrome foncé,
Ocre rouge,
Brun rouge,
Cinabre,
Vermillon de Chine,
Laque de garance rose,
Laque de garance foncée
Carmin brûlé,
Rouge d'Angleterre,
Bleu de cobalt,
Bleu d'outremer,
Bleu de Prusse,
Terre de Sienne naturelle,
Terre de Sienne brûlée,
Brun de Prusse,
Terre de Cologne,
Brun composé,
Noir de pêche,
Noir d'ivoire,
Vert Véronèse.

Les artistes qui emploient les couleurs ont besoin de quelques connaissances scientifiques, sur la nature des matériaux à leur usage, leur composition et les effets physiques et chimiques qui se produisent par diverses causes et qui, si on les ignore, occasionnent aux peintres de si déplorables mécomptes.

Les fabricants de couleurs fournissent au commerce des produits d'une teinte aussi belle que possible et au prix le moins élevé, mais l'artiste consciencieux ne se contentera pas de ces seules qualités apparentes; il devra savoir qu'il faut, pour qu'une couleur remplisse les meilleures conditions, qu'étendue avec le pinceau, en couche très-

---

(1) Ru veut dire ruisseau; on recueillait l'ocre de ru dans les dépôts formés par des ruisseaux d'eaux ferrugineuses.

mince, toutes les parties soient liées entre elles de manière qu'on ne puisse voir la couleur de l'objet sur lequel on l'applique (c'est la qualité couvrante). Les substances les plus denses et les plus lourdes présentent cette propriété quand elles sont parfaitement broyées.

Les composés de plomb couvrent beaucoup, mais noircissent aisément ; le blanc de zinc couvre moins, quoique son usage soit très en faveur, mais il ne change pas.

La fixité ou solidité d'une substance colorante est surtout importante. Nous soumettons ici, d'après les données scientifiques les plus récentes, la liste des couleurs le plus en usage que la peinture emploie, en indiquant leurs degrés de solidité.

Les couleurs qui servent aux divers emplois de l'art sont des substances empruntées aux trois règnes de la nature.

Le règne minéral fournit les trois quarts des couleurs de la peinture à l'huile; ce sont des terres, des métaux, des oxydes et des combinaisons salines. Celles du règne végétal manquent de corps, de fixité et tirent leurs principes colorants des fleurs et des racines précipitées par les alcalis; celles du règne animal sont la cochenille, la sépia, qui ne s'emploient pas à l'huile.

Il faut en outre que les couleurs réunissent la propriété de se mélanger parfaitement aux liquides qui servent à les délayer, de sécher vite, d'être insolubles dans l'eau, et de n'être pas décomposées par la mixtion avec d'autres.

Il y a aujourd'ui une profusion inouïe de substances vendues par le commerce sous des noms qui n'indiquent pas la véritable composition chimique. Aucun contrôle n'est exercé sur les falsifications des couleurs. Les artistes les achètent aveuglément. Ils feront toujours mieux d'acheter en poudre et de broyer eux-mêmes les couleurs dont la nature pourrait être douteuse.

Couleurs qui changent.

Parmi les couleurs pernicieuses, à rejeter de la peinture à l'huile, on doit citer le vert de gris, qui noircit au contact de l'huile. C'est un oxyde de cuivre ou acétate de cuivre, sorte de sel qui a détruit beaucoup de tableaux de Léonard de Vinci, qui, malgré ses profondes connaissances scientifiques, en ignorait les effets. Il employait également le noir d'imprimeur. Néanmoins les Vénitiens ont employé le vert de gris par *glacis* pour des draperies et des verdures qui ont peu changé. Mais ils employaient de préférence la malachite, devenue très-dispendieuse et rare aujourd'hui.

Le jaune intense, qui est le produit de l'oxyde de chrome et qu'on emploie souvent, ne supporte ni le contact des autres couleurs, ni celui de l'huile; combiné avec l'alcali du bleu de Prusse broyé à l'huile, il rougit, devient noirâtre et ne saurait donner des verts durables. Seul il se conserve mieux.

Le carmin de cochenille, couleur du règne animal, le vermillon, la terre d'ombre sont dans le même cas.

Le massicot jaune, la gomme-gutte, l'indigo et presque toutes les couleurs qui sont exemptes de décomposition et d'évanouissement à la lumière, comme le seraient les stils de grain, les mauvaises laques et toutes les couleurs végétales, ne sont solides et inaltérables qu'employées à la cire et en général dans les glutens sans huiles.

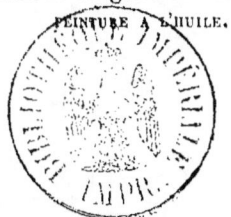

Liste des couleurs qu'on peut employer généralement dans les arts d'après leurs qualités de solidité.

TRÈS-SOLIDES.

Blanches.
- Oxyde de zinc,
- Blanc d'Espagne,
- Craie,
- Chaux vive,
- Sulfate de baryte,
- Argent en coquille.

Jaunes.
- Or en coquille,
- Jaune Mérimée,
- Ocre jaune,
- Jaune de Naples,
- Terre d'Italie, ocre de ru,
- Jaune minéral,
- Jaune de chrome,
- Chromate de baryte,
- Laque minérale.

Bleues.
- Outremer Guimet,
- Bleu d'azur naturel,
- Cobalt,
- Smalt,
- Outremer de cobalt.

Noires.
- De fumée de vigne,
- D'ivoire,
- De Francfort,
- D'Allemagne.

Rouges. $\begin{cases} \text{Arseniate de cobalt,} \\ \text{Ocre rouge,} \\ \text{Laque de garance,} \\ \text{Carmin de cochenille,} \\ \text{Laque carminée,} \\ \text{Rouge de Prusse,} \\ \text{Rouge d'Angleterre, colcothar, brun rouge.} \\ \text{Rose de cobalt,} \\ \text{Bol d'Arménie.} \end{cases}$

Vertes. $\begin{cases} \text{Vert de chrome,} \\ \text{Vert de Rinmann,} \\ \text{Vert de montagne naturel,} \\ \text{Vert Milory,} \\ \text{Terre de Vérone.} \end{cases}$

Brunes. $\begin{cases} \text{Terre de Sienne calcinée,} \\ \text{Brun de manganèse,} \\ \text{Brun Vandick,} \\ \text{Bitume de Judée, momie,} \\ \text{Terre d'ombre, terre de Cassel.} \end{cases}$

TRÈS-PEU SOLIDES.

Cinabre, laque de Fernambouc, rouge de Carthame, Ocre verte, vert de vessie, vert anglais, cendre verte, vert de Schèle, vert de Brême, pourpre de Cassius, violet végétal.

Le mode de préparation, de broyage, de mélange avec les huiles, etc., influe énormément sur le degré de fixité des couleurs. En général, la couleur sera d'autant plus durable qu'elle aura été obtenue à une haute température et qu'elle aura résisté plus longtemps à l'action de la chaleur.

Les couleurs doivent être, autant que possible, conservées dans un endroit sec. Pour sécher les couleurs en poudre qui auraient absorbé de l'humidité, il faut la chaleur graduée de l'étuve.

Les rayons solaires concourent à la destruction du plus grand nombre des couleurs, puis les émanations gazeuses existant dans l'atmosphère.

Les bons vernis sont les meilleurs préservatifs contre l'action délétère et décolorante de la lumière.

Les composés de plomb noircissent tous au contact des émanations méphytiques produites par le sulfure noir de plomb, et certaines peintures blanches où l'on a employé des siccatifs à base de sels solubles de zinc et de manganèse jaunissent avec le temps.

De l'emploi des couleurs que nous venons d'indiquer ; de leurs avantages et de leurs inconvénients.

Le BLANC D'ARGENT est le plus parfait de tous les blancs. On s'en sert pour peindre les chairs, les linges, les ciels et tout ce qui exige la pureté, la fraîcheur. Son nom lui vient de son éclat brillant ; il ne contient pas d'argent. C'est le même que la céruse, le blanc en écaille, le blanc de Krems (petite ville d'Allemagne). La manière dont on le broie influe beaucoup sur sa beauté. Wattin conseille de le broyer à quatre reprises différentes et le plus promptement possible avec l'eau claire et de le laisser bien sécher en pastilles à chaque fois avant de le mélanger avec l'huile.

Le blanc de plomb a plus de corps et ne s'emploie que dans la peinture à l'huile ; il noircit à la longue, mais le vernis le préserve ordinairement de l'action des vapeurs hydro-sulfureuses plus ou moins répandues dans l'atmosphère.

Le Blanc de plomb s'emploie dans les grands tableaux qui dépensent beaucoup de couleurs; on s'en sert aussi pour les fonds et autres grandes parties qui n'exigent pas autant de vivacité de ton.

La céruse plus ou moins calcinée donne naissance au massicot jaune clair ou foncé du commerce (oxyde de plomb au premier degré ou protoxyde de plomb). C'est chez les fabricants de minium qu'on trouve le véritable massicot. Pour préparer le minium, le plomb est calciné dans un fourneau à réverbère où se produit un mélange de massicot et de plomb plus ou moins divisé. On sépare ces deux matières par trituration et lévigation (opération qui réduit en poudre très-fine). Le massicot, qui est plus léger, nage à la surface de l'eau ; on le décante, on le laisse déposer et on le recueille ensuite pour le faire sécher (recette de M. Mérimée). Sa qualité est très-siccative. On trouverait de l'avantage à l'employer à l'huile dans les mélanges avec des couleurs qui sèchent difficilement, les laques et les terres bitumineuses.

La mine orange ou minium clair n'a aucune solidité.

Le Jaune de Naples. On ne doit jamais s'en servir mélangé avec d'autres couleurs pour peindre les parties lumineuses des chairs, car, étant chargé d'arsenic, il décompose les blancs, les cinabres, et tend à les faire tourner au vert, son plus grand défaut étant de verdir avec les années. Comme le jaune de Naples couvre parfaitement, on peut l'employer dans les reflets des chairs, du côté de l'ombre ; là il remplace le blanc avec avantage, car il est moins lourd et moins froid. Dans les fleurs, dans les draperies jaunes, on ne saurait non plus s'en passer. Il est indispensable dans le paysage pour toucher les parties lumineuses des arbres. On s'en sert encore pour retoucher les ors. Mêlé avec le bleu de Prusse ou l'outremer, il produit de jolis verts clairs.

Le jaune de Naples contient du plomb et de l'antimoine. L'amassette de corne blonde ou d'ivoire est recommandée pour le triturer. Cette couleur serait avantageusement remplacée par le jaune d'antimoine, qui est plus brillant et très-solide.

L'Ocre jaune clair est indispensable dans les carnations ; elle entre dans une foule de tons composés où nulle autre couleur ne saurait la remplacer ; de plus, elle a l'avantage de ne nuire à aucune d'elles, de même qu'aucune d'elles ne saurait l'attaquer ; sans être lourde, l'ocre jaune clair couvre bien, aussi on en fait un usage journalier dans les parties lumineuses des fabriques, des terrains, et, préférablement à toute autre, on la fait entrer dans les teintes destinées à peindre les chairs.

L'Ocre de ru, ou jaune obscur entre dans tous les mélanges d'ombres qui doivent avoir de la vigueur, et qui se trouveraient affaiblis si, en sa place, on se servait de l'ocre jaune clair. Il faut observer de ne jamais la mélanger avec des teintes brillantes et lumineuses, surtout avec le blanc, car le défaut de l'ocre de ru est de pousser au brun. Comme l'ocre jaune-clair, elle couvre bien, et fait de très-beaux verts chauds mélangé au bleu de Prusse. Pour les terrains, les meubles, les fonds, elle fournit des tons excellents.

Le Jaune indien est une couleur d'une extrême solidité,

mais qui demande à être bien choisie, car il en existe de verdâtre, qu'il faut éviter d'employer. Le beau jaune indien est d'une nuance bouton d'or, et contribue à faire de fort belles draperies jaunes. On en obtient aussi pour le paysage de magnifiques tons verts. Mélangé aux ocres ou au jaune de Naples, il en ravive l'éclat et la vivacité; mais, comme il n'a pas de corps par lui-même, on ne saurait s'en servir pour empâter. Il est excellent pour faire des glacis. Il est essentiel de ne jamais le faire entrer dans les ciels ni dans les chairs, car il foisonne tellement qu'on ne saurait s'en rendre maître et qu'il absorberait les autres tons auxquels on voudrait l'associer, pour l'usage que nous venons d'indiquer.

Les chromes sont très-solides; ils procurent de beaux verts et donnent de belles nuances aux draperies.

L'Ocre rouge-clair est une couleur des plus utiles; sa nuance, d'un rouge fin, convient beaucoup mieux que les cinabres dans une quantité de mélanges où leur ton trop vif et trop cru romprait l'harmonie. Elle partage avec l'ocre jaune l'inestimable qualité de ne pas pouvoir être altérée par le mélange d'autres tons, étant aussi fort innocente par elle-même. Elle remplace très-avantageusement les cinabres toutes les fois qu'il s'agit d'un ton de chair mâle et énergique.

Le Brun rouge foncé est une couleur vigoureuse qu'il ne faut employer qu'avec réserve, parce qu'elle fournit abondamment.

On ne doit s'en servir dans aucune partie lumineuse, surtout dans les carnations, mais elle est excellente pour les touches sanguines.

Le Cinabre de Hollande (1) doit, pour être d'une bonne qualité, ne pas tirer sur l'orange, car s'il était de cette nuance, cela prouverait qu'il est sophistiqué par un mélange de rouge de Saturne (minium) dans l'intention de lui donner un éclat plus vif, et, comme le minium se compose d'oxyde et de plomb calciné, il noircit beaucoup, surtout à l'huile et fait noircir le cinabre auquel on l'associe et qui est un composé de soufre et de mercure.

Le cinabre produit le meilleur effet en le mélangeant avec du blanc pour les roses ; on doit aussi s'en servir pour la teinte locale des chairs en le mêlant avec un peu d'ocre jaune-clair, et en cela il est fort utile, car si, dans ce mélange, on employait à sa place la laque, la teinte qu'on en obtiendrait serait d'une froideur désespérante.

Le Cinabre ou Vermillon de la Chine est plus carminé que celui qui se prépare en Europe et dont le meilleur nous vient de Hollande ; on s'en sert préférablement à l'autre lorsqu'on veut faire un ton rose frais ; mélangé avec du blanc, on en obtient toutes sortes de nuances roses moins froides que si on y employait la laque pure, et moins jaunâtres que si on se servait du cinabre de Hollande.

Il faut se rappeler que les cinabres ne peuvent se remplacer par aucune autre couleur rouge dans la peinture à l'huile ; nous avons dit que l'ocre rouge-clair s'employait dans les carnations vigoureuses et nuancées de ton, mais c'est avec le cinabre seulement qu'on peut faire des teintes assez pures, assez fraîches pour les carnations de femmes, d'enfants, et même de certains hommes.

Cette couleur, qui est assez solide, peut être falsifiée par un mélange de minium ; il faut pour s'en assurer pla-

(1) Combinaison intime de mercure et de soufre ou sulfure de mercure.

cer la substance dans un creuset sur un feu ardent, et si, après l'évaporation, on trouve des globules de plomb réduit, c'est la preuve qu'il y avait du minium. Les cinabres se préparent à l'huile au moment où on en a besoin. On doit les tenir épais et fermes.

La Laque de garance rose est un ton très-fin et plus solide qu'aucun autre; les plus belles laques de cette espèce viennent de Berlin et de Munich : celles qui se fabriquent en France sont loin de les valoir; elles ne sont ni aussi pures ni aussi foncées; le plus bel éloge que nous en puissions faire, c'est de dire qu'employée pour l'aquarelle et préparée à la gomme, nous en avons vu qui depuis trente ans n'a pas bougé. Nous engageons les peintres soigneux de bien faire attention à ne pas prendre leurs laques, en vessie parce qu'elles se graissent facilement. Il est beaucoup mieux d'en broyer la quantité nécessaire aux besoins du moment. Comme la laque est une couleur très-peu siccative, elle se conservera sans difficulté fraîche et bonne sur le coin de la palette, seulement il n'y faut mêler d'huile grasse qu'au moment de s'en servir.

La laque rouge, fine, vraie, dite de Venise ou de Florence, est celle dont le corps chimique ou terre d'alun est teint avec l'extrait de la cochenille; on doit la choisir haute en couleur, claire, nette, inaltérable au citron ou au vinaigre (ces laques ne sont point solides), mais on ne connaît pas de couleurs qui puissent donner leur équivalent en beauté.

La laque de garance d'un rouge analogue à celui que donne la cochenille tire son principe colorant des plantes de garance qui croissent à Smyrne, en Algérie et dans les contrées méridionales de la France.

La Laque de garance cramoisie présente à ceux qui l'emploient les mêmes avantages, et l'on doit la traiter de même. Lorsqu'on l'achète en grains pour la broyer soi-même, elle ne semble pas aussi brillante que l'autre, mais une fois broyée, elle acquiert une grande énergie de ton et contient beaucoup plus de pourpre, aussi s'en sert-on pour ce qui demande de la vigueur. Lorsqu'on la mêle à la terre de Sienne brûlée, elle donne un ton d'une force et d'une transparence que nul autre mélange ne saurait atteindre ; elle est surtout précieuse pour les draperies aux ombres desquelles elle ajoute une profondeur extrême.

Le Carmin brulé ou laque de Venise brûlée est un ton magnifique. Sa destination est la même que celle des laques dont nous venons de parler. Cette couleur s'obtient au moyen de laques brûlées, mais toutes ne sont pas bonnes pour cet usage, et les seules qu'on doive y employer sont les laques faites de cochenille pure ; il est donc important, si on ne la prépare soi-même, de s'en procurer de bonne.

Les vigueurs pourprées que donne le carmin brûlé le disputent à celles du plus beau noir et sont en même temps d'une transparence parfaite.

Le Rouge d'Angleterre. Cette couleur est d'un emploi facile ; on s'en sert surtout pour les ombres des draperies rouges; mais, par cela même qu'on ne doit guère s'en servir que pour les draperies, nous regardons comme inutile d'en avoir sur sa palette, excepté les jours où l'on sait devoir l'utiliser. C'est pourquoi, au lieu d'en avoir en vessie, il suffit d'en avoir en poudre qui soit déjà broyé à l'eau, en sorte qu'on n'ait plus qu'à le délayer à l'huile au fur et a mesure des besoins.

Le Bleu d'outremer, la plus coûteuse de toutes les couleurs qui puissent s'employer à l'huile, en est aussi l'une des plus solides; il se tire de la pierre ou marbre appelé *lapis-lazuli*. Ce marbre provient de carrières situées en Orient et en Sibérie.

L'outremer est parsemé de bleu, de blanc, de gris, mélangé de noir et de brun. Il y en a de cinq ou six nuances; la plus belle, et par conséquent la plus coûteuse, est la plus chargée de couleur bleue. A mesure que ces nuances pâlissent, elles sont moins chères.

Nous conseillons à nos lecteurs de ne pas se servir de celle appelée *cendre d'outremer*, qui ne donne qu'un ton grisâtre; nous pensons avec beaucoup d'artistes que le mieux est d'obtenir la teinte légère qu'elle représente en mélangeant beaucoup de blanc à un peu d'outremer très-pur et très-vif. L'outremer ne s'altère jamais et gagne au contraire en intensité à mesure que le temps s'écoule; on l'emploie beaucoup pour les ciels, mais seulement pour terminer. Il faut les ébaucher avec une teinte faite de bleu de Prusse, de blanc et de noir bleuâtre; ce mélange doit offrir à l'œil une nuance grisâtre qui deviendra fort belle lorsque à la seconde reprise vous la peindrez avec l'outremer.

Surtout il ne faut pas s'effrayer du ton gris de l'ébauche, et, croyant mieux faire, ébaucher avec le bleu de Prusse mélangé seulement de blanc, car on n'obtiendrait qu'un ton criard que la seconde reprise ne pourrait assourdir; au lieu qu'en faisant le mélange que nous venons d'indiquer, on aura un ciel fort harmonieux.

Comme le noir mélangé de bleu peut tourner au vert malgré la présence du blanc dans le mélange, pour empêcher ce résultat, on n'aura qu'à y ajouter une légère pointe de vermillon de Chine ou de laque.

Un ciel orageux se prépare avec un mélange de noir et de blanc, auquel on ajoute, suivant la nécessité, soit un peu d'ocre rouge clair, soit même une pointe d'ocre jaune clair.

L'outremer s'emploie aussi dans les draperies, dans les chairs, etc.

Le Bleu de Prusse se soutient aussi bien que les laques de garance. Malgré le nom qu'on lui a donné pour avoir été inventé par *Dippel*, qui était Prussien, on en fabrique partout, mais jusqu'à présent le meilleur est celui qu'on prépare en Angleterre.

Mélangé avec différents jaunes, on en obtient des verts charmants, mais il faut se méfier de la crudité de cette couleur toutes les fois qu'il s'agit de l'employer mariée au blanc seulement.

La Terre de Sienne non calcinée est une couleur fauve, un peu brune, très-solide et fort transparente; malheureusement, comme elle a peu de corps et qu'elle ne couvre pas, on ne peut s'en servir pour les ébauches, dans lesquelles l'emploi des ocres, surtout de l'ocre de ru, vaut infiniment mieux; elle a aussi l'inconvénient de faire noircir les mélanges dans lesquels on la fait entrer, surtout ceux qui comportent du blanc, parce que cette dernière couleur étant métallique et la terre de Sienne étant bitumineuse, leur association amène nécessairement ce ton noirâtre qu'il faut redouter.

La terre de Sienne non calcinée est très-bonne pour faire les glacis et les préparations, et nous sommes fort éloigné d'en proscrire l'usage, mais nous lui préférons le *brun de Prusse*, qui ne noircit pas et sèche mieux.

La Terre de Sienne calcinée est la même substance que celle dont nous venons de parler ; il est très-facile de la préparer soi-même si on vient à en manquer ; il ne s'agit pour cela que d'avoir de la terre de Sienne naturelle en morceaux, de les rompre en petites parcelles de la grosseur d'un pois, et de les faire rougir sur un feu vif, dans une cuiller en fer. Lorsque les morceaux sont devenus d'un rouge vif comme doit l'être la cuiller elle-même, on les retire, et, sur un marbre ou sur une assiette, on les laisse refroidir pour ensuite les broyer à l'huile.

Cette couleur ainsi préparée a des qualités que ne possède pas celle dont elle dérive, et l'on remplacerait avec peine le ton à la fois chaud, transparent et léger dont elle est douée. Cependant il y a lieu de s'en méfier aussi, parce qu'elle est sujette à noircir ; puis, comme elle fournit beaucoup, si l'on n'y prenait garde elle absorberait toutes les couleurs avec lesquelles on la mélangerait. Elle est parfaite pour réchauffer un ton d'ébauche trop gris ; elle sert aussi mêlée avec des laques foncées ou avec l'outremer n° 1 à composer les touches d'ombres qui doivent être fortement accusées dans les carnations. Les paysagistes en font un usage journalier pour échauffer les premiers plans de leurs terrains, pour mélanger dans les teintes des fabriques et des terrains, pour glacer les feuillages de ces tons roux que l'automne jette comme un manteau sur les arbres et les gazons. Les peintres d'animaux non plus ne sauraient s'en passer pour colorer chaudement et donner la puissance nécessaire aux robes de leurs chevaux, au pelage de leurs vaches, de leurs taureaux ; il en faut jusque dans le ton grisâtre dont est revêtu l'humble animal qui rend de si bons services à à l'homme, et que notre célèbre fabuliste a désigné sous le nom de Maître Aliboron.

Le Brun de Prusse est une couleur qu'on ne trouve pas à acheter, et que, par conséquent, on doit faire soi-même. Le nom de brun de Prusse doit lui être donné, puisque c'est avec du bleu de Prusse qu'on peut l'obtenir; mais, pour en arriver là, on ne doit pas se servir du bleu de Prusse anglais; nous ignorons la raison de cette singularité, mais c'est assez que le fait existe pour que nous devions le signaler.

Procédez pour le faire comme pour la terre de Sienne naturelle que vous voulez métamorphoser en Sienne brûlée.

Lorsque vos morceaux de bleu de Prusse seront soumis dans une cuiller à l'action du feu vif dont nous avons parlé, vous les verrez éclater et tomber en écailles; une fois cet effet obtenu, n'attendez pas davantage; ôtez, faites refroidir et broyez les écailles parmi lesquelles vous en trouverez de bistrées et d'autres plus noires, qui, mélangées et préparées à l'huile, vous donneront ce que nous appelons ici Brun de Prusse.

Cette couleur, qui est d'une fixité à toute épreuve, peut remplacer avec un avantage marqué l'asphalte, la terre de Sienne naturelle, et la momie dont elle n'a pas les inconvénients.

Ce brun de Prusse, qui s'étend très-facilement, possède encore l'avantage de sécher très-vite.

La Terre de Cologne pourrait être éloignée de la palette sans qu'on s'aperçût beaucoup de son absence, car on peut la remplacer par un mélange d'ocre rouge et de noir; dans certaines draperies cependant, elle produit un bon effet, et comme elle a peu de transparence, elle couvre mieux pour les ébauches que la terre de Cassel. Malgré cela, nous lui ferions volontiers opposition, si nous ne savions pas que plus d'un peintre de talent s'est engoué de cette couleur.

Le Brun rouge composé n'est pas une teinte fixe, ainsi qu'on peut le voir par son nom. Il y entre les trois couleurs primitives, qui sont le rouge, le jaune et le bleu; en composant ce brun, on peut lui donner au degré voulu la teinte qu'on désire, puisqu'il ne s'agit pour cela que d'augmenter ou de diminuer la quantité de chacune de ces trois couleurs qui sont celles dont se forment les rayons du jour, et par conséquent celles dont tout est éclairé dans la nature.

Si c'est un ton neutre verdâtre qu'on souhaite, il suffira d'y mettre fort peu de laque; si, au contraire, c'est un ton violâtre, en y mettant peu de jaune, on l'obtiendra; enfin, on pourra en obtenir une couleur orangée en mettant très-peu de bleu, et, en dernière analyse, le brun se formera d'un mélange presque égal des trois couleurs que nous venons d'indiquer : lorsque nous disons presque égal, nous songeons au bleu qui fournit beaucoup et dont il faut, pour cette raison, être toujours fort ménager.

On ne saurait trouver une meilleure couleur que le brun composé pour les préparations et les glacis.

Le Noir de pêche est un des meilleurs que nous connaissions; il est bleuâtre, il possède une grande finesse de ton, et à cause de cela, il peut servir dans les ciels, dans les draperies blanches et dans les carnations.

Le Noir d'ivoire, dont on fait un très-grand usage, a l'inconvénient de sécher très-difficilement, cela arrive surtout lorsque le fabricant y mêle du noir d'os qui lui laisse un plus grand bénéfice, mais qui ne sèche qu'au bout de fort longtemps; avec le noir de pêche et le noir d'ivoire, on peut répondre à toutes les exigences qui se présentent, car le premier est aussi léger et aussi fin de ton que le second est intense et vigoureux.

Les peintres de figures ébauchent les ombres des draperies avec un mélange de noir d'ivoire et de terre de Sienne brûlée; les paysagistes agissent de même dans leurs terrains, dans leurs arbres; du mélange de ces deux couleurs on obtient des touches entièrement vigoureuses, du glacis de ces couleurs on peut obtenir des nuances vigoureuses dans les endroits obscurs.

Beaucoup d'autres noirs cependant ont aussi de grandes qualités et trouveraient fort bien leur emploi; ainsi, le noir de vigne, — le noir de café, — le noir de papier, — le noir de bouchon, — le noir de Prusse, — le noir de Russie, — le noir d'os et le noir de pêche, dont la plus grande partie ne se trouve pas dans le commerce et qu'il faudrait confectionner soi-même. Mais à côté de cet inconvénient, il en existe un autre qu'on doit redouter davantage, c'est de charger ou pour mieux dire d'encombrer sa palette d'une foule de tons qui ajouteraient pour vous une difficulté aux difficultés déjà existantes dans l'art si difficile qu'on nomme la peinture. Or, comme nous pensons que le plus beau et le meilleur résultat peut être obtenu avec la palette chargée des vingt-six couleurs que nous venons d'indiquer, nous vous engagerons à vous en tenir là, comme nous le faisons nous-même.

Le Vert Véronèse est un vert fort léger, fort clair et fort vif qui ne saurait être employé qu'en glacis; autrement, par sa crudité, il romprait l'harmonie de tout ce qui l'entourerait. Il est donc sage de ne pas en faire abus.

Des couleurs qui doivent être proscrites et de celles qui ne s'emploient qu'en de rares occasions.

Parmi les couleurs que nous proscrivons, nous mettrons en première ligne :

Le *Jaune minéral*, qui noircit et qui dénature les autres couleurs, et la *Laque d'Anvers*, qui brunit ;

Les *Laques jaunes*, dont aucune n'est solide et qui toutes pâlissent plus ou moins ;

Le *Stil de grain de Troyes*, qui n'a aucune solidité et change sa jolie couleur citron pour un ton blanc sale.

Tous les autres stils de grain, d'où qu'ils viennent, ne valant pas mieux, et doivent être rejetés aussi.

Il est malheureux que la terre de Cassel soit une couleur qui change et qui fasse changer tout ce qui se trouve en contact avec elle. Cependant on peut, à la rigueur, s'en servir pour rehausser certaines étoffes brunes, mais alors on ne doit l'employer que pure et sur un dessous parfaitement sec ; de cette façon elle change moins. On ne doit pas la mélanger avec le blanc. Somme toute, nous pensons que le plus prudent est de la laisser de côté.

Il est un bleu qu'on appelle *Small* ou *Cobalt* et qui ressemble à l'outremer, bien qu'il soit un peu plus violâtre ; ce bleu s'utilise dans la peinture sur porcelaine, et l'on s'en sert aussi pour quelques effets de ciel à l'aquarelle, mais, à l'huile, nous ne saurions en approuver l'emploi, car sa place étant plus naturellement dans les ciels que partout ailleurs, et comme il sèche très-rapidement, on ne peut arriver à l'employer aussi vite qu'il le faudrait, surtout en été.

Nous devons dire cependant que cette propriété du cobalt, dont nous nous plaignons ici, devient quelquefois un avantage; cela arrive quand on peut en mélanger un peu dans d'autres couleurs sans les altérer, parce qu'il les fait sécher très-promptement ; il faut même se garder, en pareille circonstance, d'y mêler si peu que ce soit d'huile siccative.

Lorsqu'on veut remplacer l'outremer, la meilleure couleur à employer est le bleu de Thénard, qui se nomme aussi cobalt comme le smalt, mais qui n'a pas l'inconvénient de sécher si vite lorsqu'il est seul et par conséquent qui n'a pas l'avantage de faire sécher promptement les tons auxquels on le marie. Cette couleur est d'un bleu léger charmant.

Le *Bitume de Judée* serait une très-bonne couleur si elle ne noircissait pas et si elle voulait sécher, ce qui ne lui arriverait jamais sans la précaution qu'on prend de l'employer à l'huile grasse pure.

Cependant beaucoup de peintres, les Flamands entre autres, s'en sont servi jusqu'à l'abus, et sans doute ils y ont été engagés par sa transparence parfaite et parce que de sa nature elle peut s'étendre par glacis aussi minces que possible ; nous insistons malgré cela sur le danger qu'il y a à s'en servir pour glacer des plans éloignés, car, en noircissant comme elle le fait, au bout de quelque temps, toute harmonie sera détruite là où elle eût régné sans elle. Nous engageons donc nos lecteurs à ne se servir de cette couleur, quelque séduisante qu'elle leur paraisse, que dans les parties d'ombres vigoureuses, où l'on ne saurait craindre de sa présence des résultats fâcheux.

La *Momie*, qui est un vrai bitume et qui de plus est un corps gras, sèche encore moins que l'asphalte ou bitume de Judée, auquel nous venons de faire son procès; on ne sera donc pas étonné que nous la rejetions sans miséricorde et sans autre motif.

Le *Noir d'os*, dont nous avons dit un mot, sèche aussi fort difficilement, et, sa seule qualité étant un ton roux fort beau, nous conseillons de composer ce même ton avec un mélange fait d'autre noir et d'un peu de terre de Cassel ou de terre de Sienne brûlée.

Nous le proscrivons surtout, parce que, pour l'employer, on est forcé d'y mettre beaucoup d'huile grasse, afin de le faire sécher, ce qui détermine sur la toile des épaisseurs croûteuses fort nuisibles.

Palette pour l'ébauche des chairs.

Beaucoup de peintres mélangent leurs teintes sur la palette en bois, ce qui les force à nettoyer la place dont ils viennent de se servir à chaque nouvelle teinte qu'ils préparent; d'autres, et cela vaut infiniment mieux, font leur mélange sur la glace à broyer, dont nous avons parlé; de cette façon, à mesure que les teintes se trouvent faites, on les transporte sur la palette en bois à la place qu'elles doivent occuper, ce qui la laisse libre et propre partout ailleurs.

La quantité de couleur qu'on exprime de chaque vessie pour faire ses teintes doit être en rapport avec la grandeur de l'objet qu'on doit peindre. Pour établir la proportion des quantités qui sont nécesssaires pour tel ou tel ouvrage, nous allons nous supposer prêts à ébaucher une tête de

8 à 10 centimètres environ, et les quantités que nous allons indiquer devront être quadruplées pour une tête de grandeur naturelle.

Les *parties* ici indiquées représentent les quantités relatives des couleurs entre elles. Ainsi, parmi les neuf couleurs qui doivent entrer dans la composition des chairs ou carnations, le blanc, dont on use beaucoup plus que de toute autre, doit être exprimé de la vessie dans une proportion plus étendue.

Donc, pour faire une palette d'ébauche de chairs, vous exprimerez ou ferez sortir de vos vessies que vous entaillez légèrement avec un canif :

12 parties de blanc qui doivent être placées au centre de votre glace, car cette couleur est destinée à prendre part à presque tous vos mélanges ;

2 parties de jaune de Naples du côté où se feront les mélanges destinés au blanc dans les ombres,

8 parties d'ocre jaune,

4 parties d'ocre de ru,

5 parties d'ocre rouge-clair,

3 parties d'ocre rouge-brun foncé,

1 partie de cinabre de Hollande,

4 parties de noir de pêche (ou de bouchon),

2 parties de bleu de Prusse anglais.

Telles sont les couleurs mères avec lesquelles vous composerez sur la glace les teintes que vous rangerez à mesure sur la palette qui va servir à votre travail, en ayant soin de les placer près du bord en haut, afin de vous réserver le plus de place possible pour modifier vos tons et les essayer sur la palette même.

Plus tard, lorsque vous saurez déjà quelque chose en peinture, vous userez peut-être d'un autre procédé. Ceux qui l'emploient ne préparent que cinq ou six teintes, et puisent avec le bout de la brosse dans les couleurs mères, desquelles ils tirent au fur et à mesure des besoins ce qui leur est utile.

Mais comme, avant d'en venir là, on doit posséder l'habitude, cette chose qui rend tout facile, nous avons pensé ne pas devoir omettre les indications qui précèdent, les regardant comme indispensables pour les commençants.

Une chose que l'on doit observer aussi, c'est de ne pas trop étaler les teintes qu'on a préparées sur la palette, parce que plus elles sont rassemblées sur elles-mêmes et formant une espèce de petite meule, et moins elles se dessèchent; de cette manière, s'il en reste pour le lendemain, elles peuvent servir encore.

Du travail de la peinture. — De l'ébauche.

Le peintre qui veut faire un tableau doit commencer d'abord par fixer son idée sur la toile. C'est par le dessin qu'il arrête la composition générale et donne à chaque chose en particulier la forme qu'elle doit avoir.

L'ébauche se fait par-dessus le dessin, elle indique les effets à obtenir et distribue les couleurs que doivent revêtir les différentes parties de la composition, ou du moins elle en prépare les *dessous*. Enfin, c'est par-dessus l'ébauche qu'on termine en ajoutant aux finesses de ton opposées à dessein aux teintes les plus énergiques et les plus vigoureuses, ce quelque chose de spirituel ou de naïf, d'original ou de distingué qui est tour à tour le cachet de l'artiste intelligent ou celui de l'homme de génie, et qu'on ne rencontre jamais dans les œuvres vulgaires.

Il est donc entendu que votre trait fait avec de la craie blanche seulement, si c'est un grand tableau que vous allez peindre, et repassé, rectifié, épuré à la sanguine si c'est une petite toile que vous entreprenez, doit être parfaitement juste et fidèle avant d'ébaucher. Si vous aviez un calque à faire, comme je suppose que vous connaissez le dessin, cette opération n'a pas besoin de vous être expliquée; dans le cas contraire, et si vous avez le coup d'œil assez exercé pour ne pas vous en servir, je vous en féliciterai, car un calque conserve trop rarement l'esprit et le sentiment qu'on a pu mettre dans l'esquisse, et surtout ces charmants détails et ces touches imprévues dans lesquels réside la ressemblance. Tous ces fruits de l'inspiration soutenue par l'étude, disparaissent sous le calque sans qu'on puisse les retrouver et les replacer sur la toile dans tout leur charme primitif.

Habitué comme vous devez l'être à dessiner devant un chevalet, vous n'en serez cependant pas moins embarrassé lorsqu'il vous faudra tenir de la main gauche les brosses, la palette et l'appui-main, et de la main droite le pinceau qui, pour commencer, va vous servir à reprendre votre trait; mais cet embarras sera de courte durée, et quelques jours seront à peine écoulés, que vous n'y penserez déjà plus.

Pour l'opération que nous venons de dire, prenez un pinceau de martre qui ait du soutien et pas de ventre, puis, avec une teinte rouge-brun, sans mélange de blanc, tracez tous les principaux traits en ayant soin d'ajouter à votre couleur un peu d'huile grasse, afin de lui donner de la transparence et du moelleux.

En repassant les traits du visage et de tous ceux qui se trouvent du côté de la lumière ; ayez soin, comme vous le faisiez sans nul doute lorsque vous appreniez à dessiner, ayez soin, disons-nous, que ces traits soient légers, fins et déliés ; pour ceux qui se trouvent du côté de l'ombre, il faut au contraire les attaquer plus fermement, plus grassement, ces touches fermes et larges bien accusées étant l'indication de vos ombres, le commencement de votre effet.

Ici nous devons nous arrêter, car il n'y a pas de règles générales dans l'art dont on ne puisse se départir si l'on peut espérer faire mieux en les violant.

Ainsi, le travail de l'ébauche ne se fait pas toujours de la même manière, puisque les uns ébauchent à pleine pâte et reviennent à l'aide de glacis lorsqu'il faut donner la transparence aux ombres, tandis que les autres préparent les ombres de leur ébauche avec des tons transparents et sans se servir d'aucune couleur opaque.

Un écrit, attribué à Rubens, recommande de peindre légèrement et par frottis les ombres, en ayant soin d'y éviter les mélanges avec le blanc, qui les rendraient lourdes et grises. On ne doit pas non plus y mettre trop d'huile.

Paul Véronèse a souvent peint sur des impressions en détrempe. Les Vénitiens, et le Titien en particulier, ont souvent ébauché à pleine pâte et même en grisaille, colorant ensuite par glacis et repeignant en demi-pâtes par-dessus les glacis pour donner plus de corps à la peinture. Ils peignaient, dit-on, avec des vernis ; leurs ouvrages ont poussé au noir peut-être à cause de cela.

Malgré ces différences dans la manière de procéder ou à cause de ces différences même, nous avons dû choisir une méthode sage et raisonnée, qui puisse faciliter aux commençants les premiers pas à faire ; plus tard, l'expérience leur viendra en aide pour leur faire trouver la route le plus en harmonie avec les qualités dont ils sont doués par la nature.

Maintenant revenons à notre ébauche.

Une fois votre trait rectifié et repassé, avec la même teinte qui vient de vous servir, il vous faut établir les masses de vos ombres principales par des teintes transparentes et très-peu chargées de couleur ; puis, en ajoutant à cette teinte première, qui tire sur le carmélite, un peu plus d'ocre rouge, couvrez les parties qui se trouvent dans l'épaisseur des paupières, entre les lèvres, ainsi que les traits qui marquent la bouche, les oreilles, tout ce qui vous paraît sanguin dans le modelé.

Ceci n'est qu'une préparation, mais qui peut donner une idée de l'effet général, en sorte que lorsqu'on vient à peindre par-dessus, on sait mieux où l'on doit poser les lumières, les demi-teintes et établir son modelé.

Ce premier travail terminé, ayez dans votre main gauche cinq ou six brosses un peu fermes, garnissez-en une de l'une des teintes les plus lumineuses parmi celles que vous avez préparées pour vos chairs, et qui doit être composée d'ocre jaune, d'un peu de rouge et de beaucoup de blanc, puis vous empâterez vos plus belles lumières avec cette couleur.

Ce ton doit être moins lumineux cependant que celui que vous remarquez dans l'original ; sans quoi, pour en venir aux plus vives lumières, vous n'auriez plus la ressource, pour finir, d'empâter avec une teinte plus brillante encore. Mais cette dernière teinte ne peut être posée en touches vives et d'un modelé plus ferme que tout le reste, que lorsque toutes vos chairs seront couvertes et presque achevées, ainsi que nous l'expliquerons plus loin; auparavant revenons encore à notre ébauche.

Les lumières locales étant posées sur votre tête, vous placez près d'elles d'autres teintes un peu moins lumineuses; mais non pas rompues, c'est-à-dire qu'elles ne doivent avoir reçu aucune addition de noir ou de bleu; ainsi vous arriverez de proche en proche jusqu'à ce que vous en veniez aux teintes fuyantes qui déjà doivent se trouver un peu rompues par une légère addition de noir bleuâtre. Pour cette ébauche, comme vous avez préparé une dizaine de teintes lumineuses, et autant d'ombres progressivement dégradées et plus ou moins blanchâtres, jaunâtres, rosâtres, violâtres, verdâtres, grisâtres ou bleuâtres avec lesquelles il vous faut couvrir toute votre tête dans le but de la faire tourner en partant du point le plus lumineux pour arriver au point le plus obscur, vous devez comparer sans cesse le ton que vous posez avec celui que vous présente le modèle, car une seule de vos teintes mal placée serait discordante et gâterait votre travail; des demi-teintes vous passerez aux ombres, des ombres aux reflets, toujours en ayant soin de vous servir de tons aussi justes que possible; seulement vous devrez les maintenir dans une gamme un peu plus jaunâtre, d'un jaunâtre roux; car ces parties, qui sont d'un ton gris sur l'original, ne peuvent être faites ainsi sur l'ébauche, leur finesse résultant surtout de ce que les dessous sont préparés d'un ton jaunâtre, elles ne prendront l'aspect que vous leur voyez dans le modèle que par les glacis dont vous les recouvrirez en terminant. Pour les ombres, il faut employer l'huile grasse avec la couleur; pour les lumières, pour les parties claires, on doit employer l'huile blanche.

Dans l'opération que nous venons d'indiquer et qui constitue l'ébauche, il faut éviter de revenir trop souvent dans les ombres, sans quoi elles ne sécheraient que difficilement. On revient sur l'ébauche en travaillant autant qu'on peut le faire au premier coup, surtout pour la partie ombrée, sous peine de donner au travail une lourdeur qui serait très-nuisible à l'harmonie générale.

Il en résulterait encore pour vous un autre inconvénient, ce serait de voir apparaître sur votre tableau de ces ternissures provenant de la couleur qui *s'emboit* et qui vous empêcheraient de juger de votre effet pour terminer votre travail.

Si cependant un pareil accident vous arrivait, vous pourriez y remédier en faisant usage de vernis à retoucher; ce moyen réussit toujours, mais il faut, autant qu'on le peut, éviter de s'en servir.

Les reflets que vous aurez à rendre dans une tête ne se trouvent jamais que dans la partie ombrée, à moins qu'une étoffe quelconque, un rideau vert, ou cramoisi, ou jaune ne vienne s'interposer entre la lumière du ciel et la partie lumineuse de votre tête; une ombrelle, un voile peuvent aussi refléter sur elle, mais c'est tout.

Les reflets n'étant colorés que par les emprunts qu'ils font aux objets environnants, varient à l'infini; il faut donc ne pas oublier que leurs teintes doivent être plus sourdes que celles des objets frappés de la lumière du ciel.

L'ébauche de votre tête terminée, vos teintes bien dégradées, pour en arriver à l'effet qu'elles doivent produire, il faut fondre et lier ensemble toutes ces teintes diverses qui sont posées là comme des morceaux d'étoffe sur une carte d'échantillon.

Pour fondre et faire disparaître la marque de ces teintes rangées proche l'une de l'autre, mais non perdues l'une dans l'autre, il faut prendre quelques brosses douces et puiser çà et là sur votre palette dans les teintes mixtes qui vous sembleront les plus convenables pour joindre une teinte à sa voisine ; pour ce travail, il faut que les poils de votre brosse soient éparpillés vers le bout, sans quoi, et s'ils faisaient la pointe, c'est-à-dire s'ils présentaient par leur réunion un corps solide, vous risqueriez, en vous en servant, d'entamer la couleur de votre préparation.

Si les teintes qui sont préparées sur votre palette ne vous offraient pas le ton dont vous avez besoin pour le travail que vous devez faire, composez-le au bout de la brosse en vous servant pour cela des couleurs qui sont entrées dans l'une et dans l'autre teinte que vous devez réunir et fondre.

Pour en arriver à ce résultat, il faut commencer par le haut du front, ou par telle autre partie de l'objet que vous peignez, mais toujours en commençant par le haut, et en descendant d'encore en encore sans vous écarter de cette méthode, jusqu'à ce que vous soyez arrivé jusqu'au bas.

Lorsque toutes vos teintes seront liées, prenez un blaireau et passez-le très-légèrement sur les endroits où vous aurez à effacer de petites empreintes chatoyantes laissées dans la pâte par le passage de la brosse.

On se sert du *putois* de préférence lorsque c'est à des petites parties qu'on se trouve avoir affaire ; les blaireaux de grandeurs variées servent aux peintures de plus vastes proportions.

Dans ce travail il faut procéder avec légèreté. Le putois, comme le blaireau, demande à être manié dans le sens des muscles ou des formes qu'on blairotte ; cinq ou six allées et venues sur le tout sont suffisantes. Pour que le service qu'on demande au blaireau soit bien réussi, il ne faut pas que son poil garde la moindre trace de couleur à l'huile, car ce serait la preuve que la peinture est entamée en quelque endroit.

Nous avons dit qu'il fallait tenir moins brillants les luisants des lumières les plus vives pour se ménager la ressource d'y revenir en les empâtant : l'ébauche terminée, le moment est venu de les reprendre. Pour cela choisissez une brosse dont la grosseur soit proportionnée à celle de l'objet auquel vous travaillez, puis prenez dans vos teintes celle qui vous paraîtra devoir ajouter une lumière plus vive à celles que vous avez déjà posées. Pour placer ces nouvelles touches, il faut que le dessous ait acquis déjà une fermeté suffisante, car c'est surtout cela qui donnera de la franchise au nouveau ton que vous allez poser.

Le front avec ses larges luisants, le nez, les pommettes, la bouche, le menton, les oreilles, sont les parties qui appellent ces touches lumineuses ; mais parce que nous les dénommons ainsi, il ne faut pas croire qu'elles puissent toutes être faites avec le même ton ; loin de là, ces touches doivent toujours être mises en harmonie avec le travail déjà fait, en sorte que les unes sont plutôt roussâtres, verdâtres ou jaunâtres, etc., selon la place où elles doivent être posées, en un mot, sous-peine d'être mauvaises et en contre-sens de la nature, elles doivent participer du ton de celles dont elles forment la lumière.

Partout où votre travail le demande, vous donnerez quelques retouches vigoureuses ; ainsi, dans les yeux, la pupille, les narines, la séparation des lèvres, partout enfin où les dessous vous paraîtront mous et sans transparence ; ces touches doivent être plus chaudement colorées que froides et grisâtres.

Il faut éviter de faire le blanc de l'œil trop blanc, sa couleur locale est pour l'ordinaire jaunâtre ou bleuâtre, mais jamais elle n'est d'un blanc pur, d'abord parce que les cils et les paupières projètent une ombre qui le place dans la demi-teinte, puis, parce que tous les corps tournants ont une ombre et qu'à ce titre-là, l'œil n'en saurait être dépourvu.

Il faut éviter aussi que le point visuel soit trop blanc ou trop étendu ; le meilleur moyen d'imiter la nature, c'est de le peindre d'abord d'un ton grisâtre et de le retoucher à l'aide de plusieurs petits points brillants ; de cette façon, le regard sera plus vif et moins alourdi et ne manquera ni de finesse ni de naturel.

Le trait qui marque les paupières doit être exempt de toute dureté, pour cela il doit être accompagné de teintes douces et demi-ombrées qui s'adoucissent et lui donnent une apparence veloutée.

Il en est de même des traits du visage, qui doivent être marqués par des touches sanguines rompues ; ces touches doivent être moelleuses et *presque* fondues, et non pas accusées durement et sèchement.

Si nous disons que ces retouches doivent être *presque* fondues, nous entendons qu'elles doivent l'être par l'apparence, mais il ne faut pas les fondre en effet sous peine de les dénaturer et de les amollir. Il faut, au contraire, qu'elles soient placées fermement et de façon à ne plus avoir à y revenir ; c'est par la justesse du ton employé pour les faire qu'elles doivent paraître fondues, et non autrement.

Tout en faisant l'ébauche de vos chairs, vous avez dû procéder à celles de vos accessoires et faire marcher d'un pas égal les linges, les draperies, les fonds, les cheveux de votre portrait; il faut avoir soin de fondre les bords de toutes ces parties ébauchées avec les chairs, de manière à ce que celles-ci ne tranchent pas trop durement avec les parties qui les avoisinent; pour en arriver là, servez-vous du putois de la façon que nous avons dit plus haut.

Puisque nous venons de parler des fonds, disons que ceux des portraits doivent être combinés de manière à faire valoir le sujet principal : ils sont d'ordinaire grisâtres, violâtres ou verdâtres, mais toujours aussi transparents que possible et dans des tons harmonieux.

De la touche et du maniement du pinceau.

Celui qui veut se perfectionner dans la peinture à l'huile pourra s'exercer utilement sur des carrés de papier à peindre, avant de travailler sur toile ou sur panneau.

La manière dont on tient la brosse ou le pinceau, court ou long dans la main; l'inclinaison qu'on donne à ces instruments, le mouvement plus ou moins rapide qu'on leur imprime, avec plus ou moins de régularité dans un sens ou dans un autre, les effets lisses, grenus, hachés ou pointillés, luisants ou mats; bref tout ce qui constitue la contexture mécanique du travail, le plus ou moins d'épaisseur de la pâte, etc., etc. les mélanges de couleur par deux, par trois, les résultats obtenus par superposition de couleurs transparentes sur des couleurs opaques; toutes ces choses feront en un mot l'objet des études journalières de l'artiste. Il faut beaucoup pratiquer soi-même, copier fidèlement les bons modèles, voir et observer beaucoup les tableaux anciens et modernes et s'efforcer d'obtenir par les mêmes moyens les mêmes effets. L'habitude, l'observation incessante et de nombreux essais donneront l'intuition des procédés.

Il est bon d'essayer de trouver plusieurs moyens d'arriver à imiter le même ton.

On doit éviter d'empâter trop lourdement un ciel; il vaut mieux peindre un peu lisses les ciels, ou n'y empâter davantage que *les lumières des nuages*; les eaux doivent être peintes lisses et par touches horizontales fondues au blaireau et avec un peu de couleur.

Dans le feuillé on empâte davantage les détails les plus éclairés qui doivent par leur position avoir plus de relief au sommet des masses touffues.

Dans la figure il faut empâter fortement les lumières et laisser amincir l'épaisseur des demi-teintes graduellement jusqu'au contour qu'on passera légèrement au blaireau dans la teinte du fond.

Le fond sur lequel un objet en relief se détache doit toujours être peint lisse dans *un sens uniforme,* soit en tamponnant avec la brosse tenue verticale ou presque perpendiculaire à la toile, soit peint par touches parrallèles, Le sens du brossage est très-important. On peut s'en convaincre en peignant plusieurs carrés de la même couleur, avec du blanc, par exemple, chacun dans un sens parallèle différent, on verra que le blanc de ces divers carrés recevra la lumière d'une façon différente. Les carrés tamponnés, serré et empâtés régulièrement, paraîtront plus blanc-mat; ceux qui seront striés horizontalement, ceux qui le seront obliquement, ceux qui le seront verticalement présenteront à l'œil des variations d'aspect qu'il est très-utile d'observer. On s'apercevra que, pour que la couleur prenne bien et couvre suffisamment l'impression, il ne faut pas mettre trop d'huile, et qu'on ne parvient pas toujours à donner au premier coup du corps à son travail; il faut souvent même revenir à deux ou plusieurs reprises quand la première couche est sèche.

Les corps luisants doivent être peints avec plus d'huile dans la pâte que les corps mats, et les lumières vives, les coups de jour y seront placés en épaisseur et vivement touchés, comme on l'observe dans les peintures d'intérieurs des Flamands. Il faut pour cela que le dessous soit bien sec.

Opération à faire avant de reprendre l'ébauche.

Avant de reprendre l'ébauche pour terminer le travail, il faut s'assurer qu'elle est assez sèche; si elle l'est convenablement, prenez un couteau mince, tranchant, arrondi par le bout, et souvenez-vous que pour enlever de dessus votre peinture seulement les *épaisseurs*, la lame du couteau doit être tenue sur *champ*, c'est-à-dire très-peu inclinée.

Prenez ensuite votre toile et inclinez-la au grand jour, de manière à ce que les rayons viennent frapper les aspérités de couleur formées sur votre peinture: cette opération est indispensable, car si l'on repeignait par dessus ces aspérités, la couleur s'y accrocherait inévitablement.

Une seconde opération qui amène les plus heureux résultats, c'est de laver son ébauche à grande eau, avec une éponge qui, sans frotter la peinture, enlève tous les corps étrangers, comme peluches, poussière, etc., qui pourraient s'y être attachés.

On peut encore placer sa toile sous un robinet, en la tenant inclinée et en prenant garde que le dessous du châssis ne soit mouillé.

Ces choses terminées et la peinture dégagée de l'eau dont elle a été couverte, vous éprouverez une grande facilité à reprendre par-dessus.

Observez que pour la sécher, vous ne devez pas l'essuyer avec un linge, mais légèrement avec une éponge desséchée, et l'exposer ensuite au grand air ou au soleil, ou encore devant un feu clair, mais en la promenant d'un peu loin en biais devant la flamme et non pas en la présentant directement vis-à-vis.

Composition de la palette qui doit servir à reprendre l'ébauche.

Pour que vous puissiez juger des proportions à établir entre les différentes couleurs qui composent cette palette, nous allons procéder, comme pour la première, en vous indiquant la quantité de parties qu'il faut mettre de celles-ci, pour les marier avec celles-là ; de cette façon, vous verrez de suite ce qu'il faut que chacune de ces couleurs fournisse au mélange où elle prend part :

Blanc d'argent, douze parties.
Blanc de plomb, quatre parties.
Jaune de Naples, deux parties.
Ocre jaune-clair, huit parties.
Ocre de ru, quatre parties.

Chrome clair, quatre parties.
Chrome foncé, trois parties.
Ocre rouge-clair, quatre parties.
Ocre rouge-brun, trois parties.
Cinabre, une partie.
Laque rose, trois parties.
Laque foncée, trois parties.
Laque brûlée, deux parties.
Terre de Sienne brûlée, une partie.
Outremer, huit parties.
Cobalt, une partie.
Noir bleuâtre, deux parties.
Noir d'ivoire, deux parties.

Chaque partie, l'on s'en souvient, est de la grosseur d'un pois.

Nous ne répéterons pas ici ce que nous avons dit en plusieurs endroits déjà; nous dirons seulement que le mélange des couleurs devient plus facile chaque jour avec l'habitude de s'en servir; que tout ce que nos yeux peuvent voir de plus éclatant dans la nature et aussi de plus mystérieux ne se compose que de trois couleurs, desquelles toutes les autres dérivent; que ces couleurs sont le rouge, le bleu, le jaune, auxquelles on doit adjoindre le blanc dont on se sert pour rendre la lumière; le noir, qu'on emploie à rendre les ténèbres. Le vert, l'orange, le violet, se composent avec le rouge, le bleu, le jaune, et cela en amenant toutes les dégradations de nuances possibles. Mais comme, grâce à la chimie, on possède de magnifiques tons rouges-cramoisi, que les vermillons ni les cinabres ne sauraient nous donner, ce ne peut être que le temps et l'expérience qui nous apprennent dans quelles circonstances il vaut mieux se servir de ceux-ci que de ceux-là.

De la reprise de l'ébauche, de la terminaison du travail commencé.

Lorsque vous en arrivez à terminer vos yeux et tout ce qui les entoure, vous n'aurez pas trop de toute votre attention, car c'est surtout dans cette partie de la physionomie que réside la vie, que gît la ressemblance ; autour des yeux, tous les tons sont d'une finesse extrême, cela vient de l'excessive transparence de la peau qui laisse voir en cet endroit des tons roses, violâtres ou bleuâtres qui ont leur raison d'être dans les dessous composés de veines d'artères, etc.

On doit d'abord préparer les chairs qui se voient à travers les poils, et qui, par conséquent, se trouvent plus ou moins dans l'ombre. A cette préparation, il ne faut mettre que très-peu de couleur, afin de pouvoir par-dessus peindre les sourcils qu'on doit bien étudier pour les faire dans la forme que donne la nature ou le modèle qui a été peint d'après elle.

Evitez surtout de leur donner de la dureté sur le bord des chairs, tout au contraire il faut que les poils qui composent les sourcils soient doucement perdus dans une demi-teinte harmonieuse comme il s'en trouve à cette place ; surtout gardez-vous de vouloir trop détailler et de faire ces poils, non plus que ceux des cils, un à un, car cela leur donnerait de la sécheresse et de la mesquinerie, deux affreux défauts en peinture.

C'est seulement lorsqu'on peint une tête de vieillard, dont les cheveux ont blanchi, que dans les sourcils on doit essayer de rendre quelques poils plus blancs et plus longs qui viendraient ajouter dans la peinture à la vérité du portrait; pour les rendre convenablement, il faut le faire à main levée, librement et légèrement.

Il ne faut pas se servir de terre de Cassel pour peindre vos sourcils, mais composer au bout du pinceau le ton qui convient et que vous obtiendrez d'un mélange de noir, de jaune et d'ocre rouge; une troisième retouche que vous ferez les rendra plus bruns s'il est nécessaire en glaçant certaines parties d'un ton brun vigoureux.

Pour les sourcils blonds ou châtains, le même ton, où vous ferez dominer plus ou moins le jaune, vous donnera la nuance nécessaire.

Les cils aussi doivent être accompagnés de tons harmonieux, sous peine de sécheresse et de dureté.

Il ne faut pas négliger de peindre l'épaisseur de la paupière qui se trouve placée sous les cils, et qu'on voit apparaître surtout vers les coins extérieurs des yeux. Du côté opposé, près du nez, se trouvent les points lacrymaux qu'il faut éviter de faire d'un ton cru; peignez-les d'un ton lilas-rose, légèrement indiqué.

La paupière supérieure est d'un ton violacé rompu; évitez de le trop outrer. Le blanc des yeux, avons-nous dit, ne doit pas être fait d'un ton cru; il faut tâcher de lui donner un peu de cette humidité brillante qui ajoute tant de charme à l'œil dans la nature.

La nature, tel est le maître qui vous donnera les meilleures leçons : pour en arriver à rendre ce qu'elle vous indique, vous ne devez pas mettre un seul ton clair sans le comparer au ton le plus brillant de votre modèle et sans vous demander de combien celui que vous allez placer doit être moins lumineux, et vous devez en faire autant pour vos tons vigoureux ; en un mot, regardez et comparez, tout est là.

Ainsi ferez-vous pour vos teintes de carnation, dont les moindres nuances doivent être au degré convenable si vous ne voulez pas qu'entre elles il y ait discordance et manque d'harmonie,

Les glacis dont vous devez vous servir pour terminer sont composés de couleurs transparentes, c'est-à-dire des terres, des laques et des bleus.

Les glacis d'étoffes légères se détachant sur les fonds doivent être faits après que ces derniers sont entièrement terminés ; pour ceux-là on emploie les tons transparents gris et bleus légers. Les lumières s'obtiennent avec du blanc de zinc mélangé d'une pointe d'ocre.

Pour obtenir de la légèreté dans les cheveux, on doit en terminer aussi les contours sur le fond lorsqu'il est achevé.

Lorsque vous en serez aux prunelles, observez de les faire bien rondes en vous assujettissant néanmoins aux règles de la perspective, car leur apparence sera plus ou moins ovale suivant que votre modèle sera vu plus ou moins de face. Pour éviter que vos prunelles tranchent durement sur le blanc de l'œil, il faut les fondre par une teinte gris bleuâtre qui adoucisse le passage.

A ce que nous avons dit sur les fonds, ajoutons qu'il vous faut éviter de faire enlever une tête sur un fond bleu, le ton du ciel, par sa pureté, devant faire une opposition nuisible à vos chairs, si fraîches qu'elles puissent être. Si cependant vous teniez à ce que votre portrait s'enlevât sur un ciel, composez-le de tons grisâtres, nuageux, en n'y laissant percer que quelques petites parties bleues qu'il faut autant que possible éloigner de la tête. Seulement je dois vous avertir que des ciels ainsi composés offrent une grande difficulté ; à savoir : celle d'en harmoniser les différentes parties avec les différentes parties de l'habillement. Généralement, pour un portrait dans lequel vous aurez fait entrer des couleurs vives et brillantes, un fond d'une teinte sourde qui les fait valoir et repose la vue est ce qu'il y a de mieux. Contrairement, une carnation pâle, des vêtements noirs et quelques fragments de linges blancs ont besoin de se trouver placés sur un fond riche en couleur qui rompe leur aspect monotone.

Lorsque vous commencerez à repeindre vos chairs, vous opérerez précisément comme vous avez fait à l'ébauche en attaquant de suite la partie la plus lumineuse, mais toujours en vous réservant d'y pouvoir revenir avec des lumières plus vives et plus *croustillantes;* mélangez ensuite vos teintes graduées et posez-les en redoublant d'attention pour arriver à la plus grande justesse de ton possible, puisque vous n'aurez plus à revenir.

Vous vous souvenez qu'il faut d'abord partir du front et peindre en même temps les racines des cheveux ainsi que tous les objets qui avoisinent les contours des chairs, en sorte que le tout se trouve fondu moelleusement.

Vos masses de lumière, une fois assises avec leurs dégradations, passez aux demi-teintes que déjà, dans l'ébauche, vous avez indiquées par des tons roussâtres, violâtres, bleuâtres, etc., plus ou moins rompus; puis avancez ainsi d'encore en encore en passant par les demi-teintes les plus fortes pour en arriver aux ombres et aux reflets.

Surtout posez franchement vos couleurs les unes contre les autres de manière à produire aux regards une espèce de mosaïque; si, au lieu de cela, vous mélangez vos tons les uns dans les autres en les étendant par-dessus votre ébauche, il en arriverait beaucoup de confusion, et votre travail, une fois sec, se montrerait à vous tout à fait différent de ce que vous l'auriez vu d'abord. Ayez soin aussi de ne pas mettre d'épaisseur de couleur afin d'avoir la facilité de revenir sur les tons dont vous ne seriez pas satisfait.

Peut-être pensez-vous qu'il est assez inutile de revenir deux fois sur une peinture, puisque la seconde manière d'opérer est si fort semblable à la première, mais l'expérience vous répondra pour moi qu'avant d'en arriver là, vous devrez beaucoup apprendre, beaucoup pratiquer et beaucoup acquérir, les peintres qui peignent *au premier coup* étant des hommes d'un talent consommé ; et puis disons aussi que les tableaux faits au premier coup sont très-exposés à changer de couleur, surtout dans les lumières qui ne se trouvent pas assez nourries de couleur et deviennent *quasi*-transparentes avec le temps, ce qui dénature tout l'effet de l'ensemble.

Si la tête que vous faites ne peut être reprise dans la journée, n'abandonnez pas votre travail au milieu d'une lumière; conduisez votre couleur jusqu'à ce que vous soyez arrivé près d'une ombre ou près d'une demi-teinte, et ayez soin de l'amincir, c'est-à-dire de l'étendre comme un frottis à la place où vous l'abandonnerez. Ensuite, pour que la couleur ne sèche pas jusqu'au lendemain, ce qui vous empêcherait de lier vos teintes, placez votre peinture dans un endroit frais à l'abri de la poussière.

On peut encore placer son tableau sur une terrine pleine d'eau en ayant soin qu'il ne porte sur ses bords que par ses encoignures : ce dernier moyen conserve la couleur dans un état très-satisfaisant.

Des mélanges les plus usités.

Il est impossible de donner aux personnes qui commencent la peinture des règles certaines dont on ne doive jamais s'écarter, cela arrive seulement pour les sciences exactes; mais dans tout ce qui tient aux arts, dans l'étude des langues même, à côté des règles sont toujours de nombreuses exceptions; cependant les indications générales que nous allons placer ici et qui se trouvent dans tous les manuels de peinture; ces indications, disons-nous, doivent nécessairement servir dans les cas généraux; c'est à l'élève d'y apporter les modifications nécessaires pour les cas particuliers.

Pour les carnations, les tons jaunâtres lumineux se font d'un mélange d'ocre et de blanc avec une pointe de cinabre.

Dans les tons rouges on emploie les couleurs calcinées; lorsqu'il s'agit de tons de chair très-colorés, on y fait l'adjonction d'un peu de laque.

Arrivé aux demi-teintes, on mélange les tons lumineux dont on vient de se servir avec les ocres, les terres et l'outremer.

Pour les reflets, on se sert des mêmes couleurs, en y joignant le ton de l'objet reflété; pour achever les ombres, on ramène, en les modelant, les couleurs dont on s'est servi dans les demi-teintes.

Les couleurs qui suivent se font presque invariablement avec les mélanges que nous indiquons.

Le blanc. — Les ombres des étoffes ou draperies blanches se font avec le blanc, *le brun de Prusse* et l'outremer, modifiés avec les ocres;

Les parties claires, avec le blanc, les ocres et une addition de laque ;

Les demi-teintes, avec les couleurs dont on a fait les ombres, en y ajoutant une forte dose de cobalt, ou, ce que nous préférons en toute chose, d'outremer ;

Les reflets, avec les tons composant l'ombre et la lumière, modifiés par la couleur de l'objet reflété.

Le bleu. — On en compose les ombres avec le bleu de Prusse, la Sienne brûlée, une pointe de laque et du blanc, suivant que la teinte que vous voulez obtenir doit être plus ou moins vive ;

Les parties claires se font avec le blanc, l'outremer, le bleu de Prusse et une pointe de laque ;

Les demi-teintes, en se servant de la couleur dont on a fait les ombres, avec addition de blanc et un peu plus de laque ;

Les reflets, avec l'ocre et le blanc, modifiés par la couleur de l'objet reflété ;

Les lumières, avec les mêmes tons employés pour les parties claires, seulement on doit y mettre moins de laque.

Le rose. — Les ombres du rose se font avec les laques et un peu de brun de Prusse.

Les parties claires, avec le blanc, les laques et une pointe d'ocre jaune ;

Les reflets, avec les mêmes couleurs, en y faisant dominer le jaune et la couleur de l'objet reflété.

Le violet. — Les ombres du violet se composent avec le brun de Prusse, les bleus et les laques ;

Les lumières, avec le blanc et les laques ;

La partie claire, avec les laques, les bleus et les blancs,

Les demi-teintes et les reflets se font avec les même couleurs, en leur adjoignant un peu d'ocre;

Les lumières, avec les laques, l'outremer et le blanc.

Le rouge. — Les ombres du rouge se composent avec la terre de Sienne calcinée, le noir d'ivoire et les laques;

Les parties claires, avec le vermillon, un peu de laque;

Les demi-teintes et les reflets, avec les laques et le cinabre;

Les lumières, avec le vermillon mélangé d'un peu de laque et de blanc.

Le jaune. — Les ombres du jaune se font avec le brun de Prusse et les terres de Sienne;

Les parties claires, avec un mélange d'ocre jaune et de blanc;

Les demi-teintes et les reflets avec les mêmes couleurs, en y ajoutant une pointe de brun rouge et un peu de Sienne brûlée;

Les lumières, avec l'ocre jaune et le blanc.

Le brun. — La couleur brune se fait avec du brun de Prusse, du noir, du brun rouge et de la Sienne brûlée;

Les parties claires, avec les mêmes couleurs, auxquelles on ajoute du blanc;

Les demi-teintes et les reflets, avec les mêmes encore, dans lesquelles on ajoute un peu d'ocre jaune ou d'ocre de ru;

Les lumières, avec le même ton qui a été employé pour les parties claires.

Le vert. — Les ombres du vert sont un composé de brun de Prusse, de jaune et de bleu;

Les lumières se font avec les bleus, les jaunes les plus brillants et parfois un peu de blanc : lorsque c'est un vert clair dont on a besoin, on n'y fait entrer que les jaunes et les bleus clairs pour les demi-teintes et pour les reflets.

Le noir. — Les ombres du noir se font avec le brun de Prusse, le noir et une adjonction de laqne ;

Les parties claires avec les mêmes couleurs, auxquelles on ajoute du bleu ;

Les demi-teintes et les reflets se composent des mêmes couleurs, en y ajoutant du blanc, du jaune clair et du brun ;

Les lumières se forment d'un mélange de blanc et de bleu, de noir et de laque.

Quant aux glacis, nous avons dit qu'ils se composent avec des couleurs transparentes, telles que les terres, les laques et les bleus, et qu'ils se posent en terminant.

Du Paysage et de la Marine.

Tout ce que nous avons dit relativement aux objets nécessaires à la peinture pouvant s'appliquer au paysage comme au portrait et comme au genre, nous renverrons aux premières pages de ce manuel l'artiste qui aurait besoin de conseils pour les acquisitions de toiles, panneaux, papier, brosses, pinceaux, blaireaux, putois, couleurs, etc.

Il ne doit s'agir ici que de l'exécution, qui ne saurait être la même que pour le genre ou la figure.

Un paysage, soit qu'on le fasse d'après nature, soit qu'on fasse la copie d'un tableau, doit toujours se commencer en ébauchant le ciel et les fonds. Nous pensons qu'il est inutile de dire qu'avant de passer à l'ébauche, il a fallu d'abord dessiner avec soin, et selon les règles de la perspective, le site, la vue, qu'on veut reproduire.

Les ciels et les lointains, et aussi les grandes étendues d'eau, lorsqu'elles sont calmes et limpides, doivent toujours être préparés en outremer pur sans mélange de noir, sans quoi l'on n'arriverait pas à rendre le ton aussi fin et aussi fuyant qu'il doit l'être.

Pour peindre toutes ces choses, préparez sur votre palette bon nombre de teintes mélangées de blanc et d'outremer partant d'une nuance bleue assez intense pour arriver à du bleu presque blanc, car le ciel ne doit pas être représenté d'un bleu égal partout, et la partie qui forme la voûte, étant la plus éloignée en hauteur, nous apparaît toujours plus bleue, puisqu'elle est plus loin des vapeurs qui s'élèvent de terre ; mais cette dégradation du bleu doit se faire de manière à paraître insensible. Pour en arriver là, on se sert de teintes graduées, dont la plus foncée doit être posée dans le haut du ciel, à partir de l'angle opposé au soleil, et l'on dégradera ses teintes en les peignant par bandes obliques toujours un peu plus pâles, jusqu'à ce qu'elles se confondent dans les teintes d'horizon ; et pour que le passage du bleu pâle du ciel ne produise pas l'effet d'une tache aux approches de la légère teinte de l'horizon dans laquelle elle doit se perdre, il faut qu'elles soient toutes deux d'une valeur égale, bien que très-différentes de ton.

Les teintes d'horizon sont très-variées de nuances ; le plus ordinairement celles qui forment la base d'un ciel serein sont couleur de chair très-lumineuse. Il en est de rouges, de blanchâtres, de verdâtres, etc.

Lorsque le ciel que vous peignez a de grandes parties de nuages, il est inutile de les couvrir d'outremer. Si, au contraire, les nuages sont légers, on peut ne pas les réserver, il faut les peindre par-dessus l'azur du ciel avec très-peu de couleur. Si les gris que vous avez à faire sont d'un gris violâtre, comme cela se voit fréquemment, composez ce ton avec de l'outremer et du blanc avec plus ou moins d'ocre rouge ou jaune, quelquefois avec un peu de laque cramoisie;

Avec les teintes d'horizon préparées sur votre palette, vous pourrez éclairer et réveiller les bords de ces nuages en y ajoutant plus ou moins de blanc pour les rendre plus ou moins lumineux

Si vous avez à peindre un ciel nuageux, vous en ferez l'ébauche avec un mélange de noir et d'outremer, auquel vous ajouterez un peu de blanc : prenez pour cela votre noir le plus léger et le plus bleuâtre.

Les terrains, les fabriques et les arbres des premiers plans doivent être empâtés pour faire fuir les fonds.

Les lointains se peignent ordinairement avec les teintes du ciel qu'on prend soin de modifier selon les circonstances, seulement on doit glisser çà et là quelques touches verdâtre-clair; ils doivent être traités largement, il ne faut en indiquer que les masses et se garder d'entrer dans les détails.

N'ébauchez jamais vos arbres avec un beau vert, même ceux qui se trouvent en premier plan ; préparez-les d'une teinte rousse, c'est là le meilleur moyen d'obtenir un ton harmonieux, lorsque vous les aurez repris chacun avec la couleur qui lui sera propre.

Faute de préparer vos arbres par les tons roux dont je

viens de parler, votre paysage terminé serait d'une crudité de ton insoutenable. Ces indications doivent être suivies seulement dans le cas où la toile sur laquelle vous peignez est imprimée d'un ton orangé.

Lorsqu'on peint sur une toile dont l'impression est d'un ton gris blanc, c'est tout autre chose, il faut faire d'abord une première ébauche établie en frottis avec une couleur orangée, comme si l'on préparait une sépia sur papier. Cette ébauche, faite en transparence, doit rester fort au-dessous du ton auquel arrivera le tableau.

Cette manière de procéder offre l'avantage d'établir un ensemble dans lequel il y a déjà une sorte d'effet; puis, lorsque cette première préparation est bien sèche, on peut avancer l'ébauche qui se fait alors en pleine couleur, beaucoup plus que si l'on peignait sur une toile orangée sans cette première préparation.

N'employez pas le jaune indien dans l'ébauche des arbres, des gazons, ni des terrains, cette couleur n'étant réellement bonne que pour les glacis.

L'ocre jaune et le blanc pour les parties claires, l'ocre de ru pour les vigueurs suffisent à tous les besoins. Le jaune de Naples, qui a l'avantage de bien couvrir, peut être employé dans les verts clairs; mais il ne faut pas le faire entrer dans les mélanges qui comportent du blanc, nous avons dit pourquoi. Dans les tons chauds et dorés, ne l'employez pas non plus, puisqu'il change et verdit; servez-vous des ocres. Surtout, n'en mêlez pas dans les teintes lumineuses de vos ciels.

Les verts vifs se composent ordinairement avec le bleu de Prusse et les ocres.

Les verts clairs et tendres, avec les ocres et l'outremer; les verts dans l'ombre avec les jaunes mélangés de noir bleu;

les verts roussâtres, avec les noirs et les terres de Sienne. Pour les fonds, on revient parfois avec le cobalt mêlé de laque de garance et de blanc.

Surtout, tenez toujours vos ébauches d'un ton chaud et clair.

La marine, comme le paysage, se compose surtout d'un ciel, d'un terrain, de roches ou de falaises, d'un ton grisâtre, repris dans les ombres avec des tons plus ou moins vigoureux.

La végétation, si par hasard il s'en trouve quelque parcelle, se fait avec les mêmes couleurs et d'après les mêmes procédés que dans le paysage ; il y aurait donc double emploi de recommencer pour la marine ce qui se trouve dit pour le paysage.

Restent les eaux, qui sont un mélange de tons bleuâtres ou verdâtres, dont les ocres et l'outremer forment la base, et qu'on réchauffe, qu'on refroidit, ou qu'on fait fuir suivant le besoin, avec les terres de Sienne, les bleus mêlés de noir ou l'outremer mélangé d'un peu de laque ; ce que nous avons dit des couleurs et de leur emploi pouvant suffire au peintre de marine comme au paysagiste, nous déposerons ici la plume, renvoyant l'élève au maître des maîtres, à la nature, dans laquelle il devra étudier les deux choses qui jouent le plus grand rôle dans un tableau de marine ; à savoir, les eaux avec leur transparence, leur profondeur, leurs tons fuyants et les effets d'un ciel qui, pris de la même plage, peut faire en dix jours dix tableaux différents.

Les Fruits et les Fleurs, les Oiseaux.

Les uns et les autres se peignent avec les mêmes couleurs dont nous avons donné la liste, mais il faut y adjoindre certains tons tellement brillants, qu'on n'en saurait trouver l'emploi ailleurs que dans la reproduction de ces choses si richement colorées par la nature.

Ces couleurs exceptionnelles doivent se demander en en indiquant l'emploi.

Parmi celles qui sont indispensables pour les fleurs et les fruits, ce sont : le jaune indien, le jaune de Naples; le jaune de chrome aussi est nécessaire, mais il faut l'employer pur et n'en pas mettre dans les mélanges. — Je déconseille l'usage des autres jaunes, tels que : la laque d'Anvers, le stil de grain d'Angleterre qui s'évaporent presque immédiatement, le jaune minéral qui noircit, et enfin les orpins qui détruisent toutes les autres couleurs et qui peuvent aussi altérer la santé de ceux qui les emploient ordinairement, à cause de l'arsenic qu'ils contiennent. Quelques rouges qu'on peut se procurer doivent venir grossir la liste des laques de garance, des carmins, des cinabres.

Le cobalt doit apporter son aide à l'outremer; on y doit joindre aussi le bleu minéral.

Enfin au vert Veronèse que nous avons indiqué, vous pouvez joindre le vert de Schéele ou laque verte, qui est précieux pour glacer certains feuillages.

Il y a encore le vert-de-gris distillé en aiguilles, avec lequel vous obtiendrez le vert le plus brillant qui puisse se faire, pour en frapper certaines parties lumineuses, telles que facettes de pierres précieuses, plumages d'oiseaux, brindilles de verdure. Ayez le soin, lorsque vous vous servirez de cette couleur, de préparer et de terminer vos dessous comme si vous ne deviez rien y ajouter, et de peindre le ton jaune lumineux par dessus lequel vous toucherez avec le *vert-de-gris*, plutôt en jaune de Naples qu'en toute autre couleur.

Des brosses et des pinceaux appropriés au travail que vous devez faire vous faciliteront les moyens d'exécution; tous les autres objets servant à la figure et au paysage sont convenables pour le peintre de fruits, de fleurs et d'oiseaux.

Derniers conseils, vernis provisoire, vernis à demeure.

La nécessité qui existe pour beaucoup de peintres de tirer parti de leurs travaux, dès qu'ils sont finis; l'impatience des amateurs de posséder chez eux ce qu'ils ont acquis; les expositions qui attirent à elles, dans un temps limité, tout ce qui peut être en voie d'exécution, tous ces motifs forcent les artistes à passer sur leurs tableaux une matière qui en fasse disparaître les *embus*, lesquels en détruiraient complétement l'effet. Or, comme on ne saurait, sans de graves inconvénients, vernir une peinture avant que douze ou quinze mois se soient écoulés depuis sa terminaison, on se sert, pour remplacer les vernis, d'un blanc d'œuf bien battu avec une cuillerée d'esprit de vin et une parcelle de sucre candi.

Avant de se servir de ce quasi-vernis, pour s'assurer que la peinture est bien sèche, on envoie dessus sa respiration; si on la voit se manifester partout sous la forme d'un brouillard qui dérobe aux yeux pour quelques instants l'aspect du tableau, on peut employer le blanc d'œuf; mais avant, il faut mettre sa peinture sous un robinet et laver à grande eau en se servant d'une éponge souple et fine; puis, avec cette même éponge desséchée, il faut essuyer le tableau, et enfin le faire sécher, soit au soleil, soit à la flamme d'un feu clair, mais d'un peu loin et présenté de côté et non pas de face, car, si la peinture chauffait, vous abîmeriez votre travail. Toutes choses ainsi préparées, prenez une petite éponge fine et souple que vous aurez d'abord lavée, puis pressée, afin qu'il n'y reste pas d'eau, et, ainsi desséchée, plongez-la dans la mousse, produit de l'œuf battu, et passez-la légèrement et promptement sur toute la superficie de votre tableau, en ayant soin de ne pas revenir plus de deux ou trois fois sur les mêmes places.

Si c'est en été que vous faites cette opération, ne mettez pas de sucre candi avec votre blanc d'œuf, à cause des insectes qui viendraient s'y attacher.

Je vous recommanderai surtout de changer le blanc d'œuf tous les quinze ou vingt jours jusqu'à l'application du vernis, autrement la transpiration des huiles, en s'y mêlant, formerait une crasse qui, une fois durcie, aurait mille peines à disparaître, malgré tous vos efforts. Vous ôterez le premier blanc d'œuf en lavant à grande eau la peinture et vous ferez votre nouvelle application de blanc d'œuf, le tout comme il est dit ci-dessus.

Il faut bien se garder de vernir avec du vernis à l'esprit de vin, car on doit toujours penser à la nécessité qui pourrait survenir un jour d'enlever le vieux vernis pour en mettre du frais; or, le vernis à l'esprit de vin ne peut être ôté qu'à l'aide de substances corrosives qui emportent avec lui toutes les finesses et presque tous les glacis.

Un bon vernis à tableaux qui, du reste, se trouve partout, est presque aussi blanc que de l'eau, et en cela on pourrait s'y tromper, car le vernis à l'esprit de vin est aussi fort blanc et fort beau; il faut donc acheter celui dont on veut se servir dans une maison de confiance.

Avant de vernir votre tableau, préparez-le et lavez-le ainsi que nous vous l'avons indiqué pour lui faire subir le vernis au blanc d'œuf.

Ensuite servez-vous du pinceau appelé queue de morue, et appliquez votre vernis en la passant sur tous les sens en bandes régulières jusqu'à ce qu'il soit bien étendu.

Il suffit de deux couches de vernis, la seconde ne doit être mise qu'après que la première est bien séchée. Ce vernis, qui est à l'essence, est le seul, nous l'avons dit, qu'on doive employer.

DE LA RESTAURATION DES TABLEAUX.

CHAPITRE I.

La fumée des cierges, l'humidité des églises, pour les tableaux de sainteté; le soleil ou encore l'humidité pour les tableaux des amateurs ou des galeries publiques; la fumée du tabac, celle du charbon de terre, les vapeurs sulfureuses, les exhalaisons des latrines, toutes les odeurs pénétrantes sont nuisibles à la peinture, surtout aux tableaux frais. L'humidité, elle seule, leur cause des ravages affreux en revivifiant les couleurs métalliques; le soleil les gerce, les fendille partout; enfin, le temps, qui ne ménage rien, les attaque aussi sourdement, mais sûrement. Il est donc indispensable, lorsqu'on est possesseur ou conservateur de tableaux, de ne pas être totalement étranger à l'art de la restauration, ne fût-ce que pour être à même de choisir en connaissance de cause un homme vraiment habile auquel on puisse confier ce travail délicat.

Du dévernissage à sec.

Lorsqu'un tableau est devenu roux, sombre, enfumé, on peut en enlever facilement le vernis, si c'est un vernis à l'essence; dans le cas contraire, on ne saurait le dévernir sans faire courir à la peinture les risques les plus sérieux.

Dans le premier cas, et lorsqu'on est vis-à-vis d'un vernis à l'essence, il y a deux procédés différents pour dévernir : l'un consiste à réduire le vernis en poussière en l'usant avec les doigts ; l'autre, à laver la peinture avec de bonne eau-de-vie de vin : ce dernier moyen, le plus prompt et le plus facile, est aussi le plus usité.

Lorsqu'on veut dévernir à sec, on met le tableau à plat sur une table, puis sur un coin on pose de la colophane en poudre et l'on frotte d'abord une des parties les moins importantes en arrivant peu à peu et de proche en proche jusqu'à ce que tout soit fini ; alors, avec un plumeau, on chasse la poussière, mais non pas avant, parce que celle que fait le vernis en s'usant et mélangée avec la poudre de colophane, loin de nuire à l'opération, l'accélère. On doit donc simplement la pousser d'une place sur une autre ; cette opération est longue et demande de la patience et aussi le plus grand soin ; sans cela on pourrait enlever avec le vernis les glacis qui recouvrent certaines parties des chairs. Les ombres aussi doivent être fort ménagées, sous peine de perdre leur transparence.

Somme toute, la couleur ne doit être altérée nulle part, puisqu'en l'altérant vous feriez perdre au tableau son harmonie.

Du dévernissage à l'eau-de-vie.

Le tableau posé sur une table, on prend un linge très-propre et très-fin qu'on imbibe dans l'eau de-vie et avec lequel, sans frotter, on humecte une partie de sa toile. Au bout de quelques instants on lave cette partie avec une éponge douce pleine d'eau pure et fraîche, et l'on revient plusieurs fois en ayant soin de s'arrêter à temps pour ne pas risquer d'entamer la peinture.

On lavera ainsi progressivement toute la surface du tableau, en ayant soin de ne se servir, pour essuyer à mesure les places épongées, que des parties du linge qui sont restées propres. Lorsqu'on croit l'opération réussie, avec un linge fin, sec et doux, on essuie la peinture pour bien voir s'il ne reste aucune trace de vernis et s'il y a encore quelques parties à nettoyer avec l'eau-de-vie, puis avec l'eau pure, après quoi l'on essuie et on laisse bien sécher avant de poser le nouveau vernis.

L'eau pure employée pour nettoyer les tableaux est un des moyens les plus innocents qu'il y ait, en ce qu'il n'a prise que sur la crasse qui les recouvre ; elle suffit à les débarrasser de tous les corps gluants, tels que gomme arabique, colle de poisson, colle forte, miel, sucre candi, etc., qui se dissolvent facilement dans l'eau.

Le blanc d'œuf, lorsqu'il est devenu vieux, n'est soluble ni dans l'eau ni en agissant sur lui par les acides : cela vient de la malheureuse habitude de quelques artistes qui vernissent au blanc d'œuf pur sans addition de sucre candi ni d'eau-de-vie.

De tous les sels alcalins qui peuvent nettoyer les tableaux, tels que cendre de bois, cendre de perles, sel de verre, potasse et sel de tartre dissous dans l'eau, un seul, à notre avis, doit être employé, car tous les autres attaquent l'huile et les couleurs, et sont de véritables mordants appliqués au nettoyage des tableaux. On peut donc se servir de sel de tartre, et commencer par une faible solution qu'on peut renforcer ensuite.

Si cependant, pour un nettoyage, toutes les ressources ci-dessus indiquées restaient sans résultat, on essaierait du borax, qui, dissous dans l'eau, donne l'alcali le plus innocent et agit doucement et lentement; les cendres de bois finement tamisées produisent le même résultat, lorsqu'on les répand sur le tableau, et qu'après les avoir arrosées d'eau tiède on frotte légèrement avec l'éponge. Mais il ne faut pas laisser séjourner longtemps cette lessive sur la couleur, on doit l'enlever avec une éponge dès qu'on s'aperçoit du nettoiement.

L'eau de chaux pure ou dissolution de chaux dans de l'eau peut rendre le même service.

Les savons étant obtenus par un mélange de graisse ou d'huiles avec les sels alcalins, ceux-ci en acquièrent par suite une force dissolvante de laquelle on doit se méfier. Le savon noir surtout peut devenir d'un emploi fort dangereux en certains cas; on doit donc, quand il est nécessaire de s'en servir, éprouver leur force sur la partie la moins importante du tableau et s'arrêter s'il y a danger. Tout ce que nous venons de dire témoigne assez de la nécessité de ne confier des tableaux de prix pour les nettoyer qu'à un restaurateur habile et prudent.

Le savon battu dans l'eau pure où l'on aura mis un peu de sel ordinaire, produit une mousse ou écume avec laquelle on peut nettoyer les peintures les plus enfumées. On doit mettre cette écume sur les parties à nettoyer, et, dès qu'elle se résorbe et disparaît, l'enlever avec une éponge imbibée d'eau pure.

Avec de l'esprit de vin et de l'huile de térébenthine on obtient une eau dite *à nettoyer*, dont se servent d'ordinaire les marchands de tableaux. Le mélange doit se faire ainsi : deux parties d'esprit rectifié avec une partie de térébenthine; d'autres huiles coupées dans cette proportion donnent les mêmes résultats : telles sont celles d'aspic, de lavande et de romarin.

Les tableaux non vernis peuvent se nettoyer par des moyens plus doux; on peut y employer du levain dissous dans de l'eau; de la farine dans de l'eau de chaux; de l'eau-de-vie ou du vinaigre.

La salive est parfois employée sur de très-petites toiles; mais elle peut agir sur les couleurs en raison de l'acide phosphorique qui existe en elle.

Un des moyens les plus désastreux employés par certains restaurateurs est de se servir d'urine pour les nettoyer; on ne doit jamais l'employer.

Il en est aussi qui se servent du sublimé corrosif de mercure; c'est un poison terrible et aussi dangereux pour l'homme qui l'emploie que par les résultats qu'il peut amener là où on l'applique.

CHAPITRE II.

Il ne suffit pas de savoir dévernir, nettoyer, revernir un tableau pour résumer en soi la science du restaurateur; bien loin de là, car les bois, les toiles, les cartons sur lesquels ils ont été faits demandent souvent même plus de réparation que le tableau même.

Il y a des panneaux vermoulus, pourris, fendus, voilés; il y a des toiles qui se ratatinent, dont la peinture s'écaille, se ride; il existe des trous, des ouvertures dans certaines toiles qui nécessitent des réparations de nature aussi variée que les dégâts auxquels le restaurateur doit remédier.

Pour rapporter de vieilles peintures sur des toiles neuves, il est des études qu'on ne saurait éviter de faire, et, comme le peu d'étendue de ce traité ne saurait contenir tous les renseignements relatifs à une opération si délicate, nous vous renvoyons aux sources de la science à cet égard. Vous aurez donc à consulter les manuels et traités de Serbaas, de Fiosillo et de Montereg.

Un vieux tableau, dont la toile est crevassée, trouée, friable, ne peut subir d'autre opération que d'être rentoilé, c'est-à-dire collé sur une toile neuve.

Lorsqu'il ne s'agit que de raccommoder quelques places isolées dans lesquelles un dégât est arrivé, on peut le faire en se servant de fragments de toile usée qu'on colle à l'envers du tableau.

Quant aux bosses creuses ou sortantes qui se manifestent parfois sur un tableau qui aura été en contact avec un corps dur, ou bien qui aura frotté contre un angle, il est peu de moyens d'y remédier, du moins complétement.

Pour y essayer, on doit aplatir et repasser à l'envers les places ainsi endommagées, et, si la toile n'a pas été percée par suite du renfoncement qu'elle a subi, il est nécessaire d'y pratiquer une incision ; puis on colle sur le revers un peu de charpie appuyée sur un fragment de vieille toile, et, par-dessus, on retouche le tableau avec un ton semblable à celui qui existait sur l'endroit malade.

Il y a eu un temps où, faute de connaissances nécessaires, en place de vernir les tableaux on les enduisait avec un corps gras. Ces sortes d'enduits, durcis par le temps, offrent une difficulté énorme à surmonter pour le restaurateur ; car ni l'eau pour laver, ni l'acide pour gratter ne peuvent en avoir raison. La meilleure façon est, selon nous, de traiter ces tableaux avec l'huile de lin.

Pour en arriver à leur nettoiement, il faut, pendant les chaleurs de l'été, les couvrir entièrement avec cette huile, et ayant soin, à mesure que vous la voyez s'absorber et s'emboire, d'en verser de nouvelles sur les places d'où elle est disparue; au bout de dix à quinze jours, cette couche d'huile est devenue gluante. Vous vous servirez alors d'alcool pur et fort pour enlever cette huile qui entraîne les anciennes parties huileuses avec elle; à mesure qu'elles disparaîtront, vous verrez renaître les couleurs dans leur pureté primitive.

Nous avons dit comment le blanc d'œuf pur posé comme vernis et renouvelé de temps à autre finit par former une croûte jaunâtre et plus dure que la gomme copale elle-même, et que, presque toujours, elle résiste aux acides, ainsi qu'aux sels les plus actifs. Un des meilleurs moyens est de frotter la toile avec de l'huile de lin, de la laisser imbibée de cette huile une heure ou deux, et, au bout de ce temps, de l'enlever par l'esprit de vin; avec l'huile de lin, le blanc d'œuf viendra.

Une chose encore vient détériorer les tableaux, c'est la moisissure; il y en a de deux sortes: la *moisissure* proprement dite et la *moisissure fausse ou apparente*.

La première provient de l'humidité; celle-là n'est qu'un mince inconvénient parmi tant d'autres qui sont attachés à la peinture; lorsqu'elle est récente on fait sécher le tableau, on le nettoie par le frottement, et tout est dit. Cependant il peut arriver que, par suite, le tableau ait perdu sa transparence; si cela était, il faudrait le dévernir et le revernir.

La *moisissure apparente* peut venir de plusieurs causes que nous devons faire connaître, puisque chacune d'elles a son remède.

L'une des espèces de moisissures que nous venons de dire provient de mordants trop violents dont on se sera servi pour nettoyer le tableau et qui en ont dénaturé les couleurs ; quelquefois ce *moisi apparent* cède à l'huile grasse qui vient rafraîchir les tons de la peinture. Mais lorsque; par ce moyen, on ne réussit pas, on doit opérer avec de l'alcool et du vernis au mastic en égale quantité et s'en servir comme si l'on voulait dévernir.

Il arrive que la moisissure se met après des peintures vernies à l'esprit, on doit alors se servir de cette même substance pour l'enlever et en débarrasser le tableau.

Quelquefois on voit se manifester de la moisissure après avoir rentoilé une peinture ; en ce cas elle provient de la chaleur du fer à repasser dont il a fallu se servir, laquelle roussit les couleurs en brûlant l'ancien vernis.

Il arrive souvent, dans une circonstance pareille à celle-ci, que cette apparente moisissure s'enlève avec l'alcool et l'huile de térébenthine, d'autres fois on ne peut parvenir à raviver les couleurs qu'à l'aide de l'huile grasse qu'on y ajoute.

On voit sur certaines peintures se former immédiatement du moisi lorsqu'on les humecte pour les nettoyer ; cela provient du blanc d'œuf qui les recouvrait et qui n'a pas été enlevé avant de les vernir ; il est bien entendu que cela ne peut arriver qu'à des tableaux craquelés et crevassés, ce qui permet à l'eau de pénétrer sous le vernis et d'atteindre le blanc d'œuf ; il devient nécessaire en ce cas d'enlever par l'esprit de vin, soit pur, soit mêlé d'huile de lin, le blanc d'œuf avec le vernis tout ensemble.

Il arrive souvent aussi qu'un tableau de moyenne dimension, ayant été peint par glacis et non par empâtement, se gerce de toutes parts, en sorte que la peinture semble couverte d'un réseau, et c'est là un inconvénient auquel il est extrêmement difficile de remédier, excepté dans certains cas où les crevasses n'étant pas trop nombreuses, on peut les remplir avec un cérat fait de cire vierge fondue dans la térébenthine.

Il y a fort peu d'outils qu'on puisse employer pour le nettoyage des tableaux ; ainsi, en fait d'instruments de fer ou d'acier, on ne se sert que du grattoir et du rasoir, et encore ils ne doivent servir que pour enlever, en les râclant, les aspérités qui parfois ont tellement durci, que ni l'alcool, ni aucune lessive, ne sauraient les faire disparaître.

On se sert d'un fer à repasser demi-chaud pour étendre une toile neuve derrière une peinture; il est indispensable aussi pour aplatir des couleurs écaillées.

Lorsqu'on fait cette opération, on doit d'abord couvrir les places écaillées d'un papier saucé de craie blanche. Cela fait, on passe et repasse le fer à plusieurs reprises, et jusqu'à ce qu'on ne sente plus dessous d'inégalités.

Peut-être bien que dans l'opération le papier s'attachera après la peinture; gardez-vous alors de vouloir le retirer de vive force, car vous pourriez enlever avec, un fragment de la peinture ; mouillez-le patiemment jusqu'à ce qu'il se détache.

Dans le cas où la partie à réparer est considérable, on doit la couvrir de colle d'amidon et placer par-dessus un papier huilé.

Des différentes manières de réparer la peinture ou restauration pittoresque.

Le temps, le dévernissage, le nettoyage et une foule d'autres causes encore peuvent vous mettre dans la nécessité de rendre au tableau qui vous est confié ou qui vous appartient, la vivacité de son coloris, l'harmonie de son ensemble détruit çà et là ; enfin vous pouvez y trouver maint endroit où la couleur locale n'existe plus, et où vous avez à la remplacer ; c'est là une rude tâche, si rude qu'elle pourrait embarrasser l'auteur du tableau lui-même, si on l'en chargeait.

Le difficile n'est pourtant pas, si l'on est un peu coloriste, de rendre à la peinture son harmonie première, mais combien de temps durera-t-elle ? Voilà ce qu'il est difficile de préciser ; seulement il est certain que les parties nouvellement peintes devront changer dans un temps donné, tandis que les anciennes ne bougeront pas ; de là la discordance ; pour éviter ce résultat, un habile restaurateur ne doit pas se borner à repeindre les fragments endommagés, il lui faut peindre un peu partout, en sorte que le tableau semble peint nouvellement.

Somme toute, nous pensons qu'il n'y a qu'un très-habile coloriste, un excellent observateur qui puisse restaurer convenablement ; et comme beaucoup d'artistes éminents qui possèdent ces qualités regarderaient comme au-dessous d'eux la restauration d'un tableau ; comme, d'autre part, un véritable artiste considérerait comme une profanation les *repeints* qu'on peut faire à un tableau de prix, il est fort peu de gens capables dans cette science réparatrice qui ne souffre pas la médiocrité.

Cependant, comme nous ne sommes pas là pour crier à l'impossibilité, mais bien pour indiquer les moyens, voici ceux que nous vous conseillerons :

Lorsque vous aurez bien étudié les contours endommagés et les écaillages de la couleur, comparez avec les parties bien conservées, puis retouchez avec conscience et patience, ne couvrez pas de minimes défectuosités avec une teinte, mais posez l'un contre l'autre des multitudes de petits points ; beaucoup de retouches doivent se faire sur un enduit gouaché et préparé à la colle de poisson ;

Sur cette préparation, peignez par empâtement dans le ton de l'original, et lorsque ces repeints seront bien secs, modifiez-les pour les harmoniser avec le ton général du tableau par des glacis sagement entendus, car c'est de leur bon emploi que dépend une restauration plus ou moins satisfaisante.

On ramène à leur blancheur primitive les touches de blanc noircies sur les dessins anciens, au moyen de quelques coups de pinceau imprégné d'eau faiblement oxygénée (procédé trouvé par le savant et illustre Thénard).

FIN

TABLE DES MATIÈRES.

                                                                      Pages.
Papier, toile, panneaux.   3
Couleurs.   6
Huiles.   7
Pinceaux, brosses.   8
Soins pour le travail et la conservation des pinceaux. . 11
Soins de la palette. 13
Du jour le plus favorable. 13
Qualités de la palette. 14
Composition de la palette. 15
Couleurs qui changent. 17
Couleurs solides. 18
—   Peu solides. 19
De l'emploi des couleurs. 20
Des couleurs proscrites et peu employées. 33
Ebauche des chairs. 35
Du travail de la peinture. 37
Touche et maniement du pinceau. 46
Opérations pour reprendre l'ébauche. 48
Autre composition de la palette. 49
Du fini. 51
Mélanges très-usités. 56
Paysage et marine. 59
Fruits, fleurs et oiseaux. 64
Des vernis. 65
Restauration des tableaux. — Dévernissage à sec. . . 68
Dévernissage à l'eau-de-vie. 69
Réparation des toiles, panneaux, etc. 72
Des différentes manières de réparer la peinture. . . 77

Paris. — Imp. de Pommeret et Moreau, 42, rue Vavin.

En vente chez le même libraire :

ANNUAIRE DE LA PHOTOGRAPHIE, résumé des procédés les meilleurs pour la plaque métallique, le papier sec et humide, la glace albuminée ou collodionnée, la gravure héliographique, la lithophotographie, le cliché typographique, le stéréoscope, l'hélioplastie, l'amplification des images, la damasquinure ; avec l'indication des instruments nouveaux et la nomenclature des traités spéciaux sur chacune de ces différentes matières, par J.-B. DELESTRE. Deuxième édition.. 4 fr.

LA PHOTOGRAPHIE POUR TOUS, apprise sans maître, par par MULOT, chimiste-photographe. 1 vol. in-8. . . . . 1 fr.

A B C du dessin et de la perspective. — 1 vol. in-8. . . . 1 fr.

PEINTURE DE MŒURS, coup d'œil artistique dans le monde animal, par LATIL. — 1 vol. illustré. . . . . 1 fr.

MANUEL DU TISSEUR, contenant les armures et les montages usités pour la fabrication des tissus; par LIONS. — 1 vol. in-8 avec planche. . . . . 2 fr. 50 c.

RECUEIL D'ENCADREMENTS ET DE TITRES, dessinés par LANGLADE ; album oblong, in-8. . . . . 1 fr.

LE MÉCANICIEN-CONSTRUCTEUR DE MACHINES A VAPEUR, ouvrage utile aux Constructeurs, Inventeurs, Ouvriers-mécaniciens, Fumistes, Industriels, Dessinateurs, etc.; par P. CH. JOUBERT, auteur de plusieurs ouvrages scientifiques. . . . . 1 fr.

ÉTUDES DES PASSIONS appliquées aux beaux-arts, etc. — 1 vol. in-8, par DELESTRE. . . . . 3 fr. 50 c.

RECUEIL D'ANATOMIE portatif à l'usage des artistes, par HIPP. POQUET. 1 vol. . . . . 5 fr.

MÉTHODE D'ÉCRITURE graduée (paroles et actions des hommes les plus illustres.) — 1 joli vol. oblong. . . . . 2 fr.

ÉTUDES HYGIÉNIQUES SUR LA SANTÉ, LA BEAUTÉ ET LE BONHEUR DES FEMMES, par V. MAQUEL, docteur en médecine de la Faculté de Paris. Deuxième édition. — 1 vol. grand in-32. . . . . 2 fr.

LE PARFAIT PÊCHEUR A LA LIGNE ET AU FILET, suivi d'un Traité de Pisciculture, des Lois et Ordonnances sur la Pêche fluviale, par RENAUD. — 1 vol. grand in-32. . . . 50 c.

MANUEL DE L'OISELEUR, ou l'Art de prendre, d'élever, d'instruire les Oiseaux en volière, en cage ou en liberté, de les préserver et guérir de toutes maladies, etc. — 1 vol. illustré de 21 planches d'oiseaux et de pièges. . . . . 50 c.

LE TRÉSOR DES RECETTES UTILES ET DE GASTRONOMIE. — 1 vol.. . . . . 50 c.

HISTOIRE DES CAFÉS DE PARIS, leur influence sociale et et hygiénique, etc., par MARC CONSTANTIN. — 1 joli vol. . 50 c.

Paris. — Imp. de POMMERET et MOREAU, 42, rue Vavin.

BIBLIOTHÈQUE ARTISTIQUE

à 1 fr. le volume et 1 fr. 20 c. franco.

LA PEINTURE SUR PORCELAINE, procédés de la manufacture de Sèvres.

LA MINIATURE apprise seule.—Un vol. in-8° avec planches d'étude.

LE PAYSAGE ET L'ORNEMENT appris sans maître. — Un volume in-8° orné de planches d'étude.

LE PASTEL appris sans maître.—Un vol. in-8° orné de planches d'étude.

LE DESSIN appris sans maître. — Un vol. in-8° avec planches d'étude.

LA PEINTURE A L'HUILE apprise sans maître. — Un vol. in-8° avec planches d'études.

L'AQUARELLE apprise sans maître. — Un vol. in-8° orné de planches d'étude.

LE MODELAGE appris sans maître.—Un volume in-8° orné de planches d'étude

TRAITÉ DE COLORIS appris sans maître.

PEINTURE SUR PAPIER DE RIZ apprise sans maître.—Un vol. avec planches d'étude.

MANUEL artistique et industriel contenant les Traités de DESSIN industriel, de Morphographie, des Ombres, Hachures et Estompes, de Géométrie, etc., avec 22 planches d'étude.

TRAITÉ DE TAXIDERMIE, ou l'Art de mégir, de parcheminer, d'empailler, de monter les peaux de tous les animaux, de prendre, préparer et conserver les Papillons et autres Insectes, précédé des procédés GANNAL. — 4° édition.

MANUEL DU CHANTEUR, PHYSIOLOGIE du CHANT, par STEPHEN de la MADELEINE, ex-Récitant de la Chapelle royale. — Un volume.

LE BONHEUR DANS LA FAMILLE, ou l'Art d'être heureux dans toutes les positions de la vie, suivies de Traités d'utilité et d'agrément avec planches d'étude.

MANUEL DU SAVOIR-VIVRE, ou l'Art de se conduire selon les convenances et les usages du monde, dans toutes les circonstances de la vie et dans les diverses régions de la Société.

MANUEL HYGIÉNIQUE DES BAIGNEURS, emploi raisonné des bains chauds, froids, de vapeur, simples, composés et de mer; des Eaux thermales de France et de l'Etranger, leurs propriétés curatives et les saisons spéciales de chaque source, etc. 2° édition.

MANUEL DU COMMERÇANT, Tenue des Livres en partie double et simple.

DEVOIRS DES ENFANTS ET DES JEUNES GENS, par P. Vattier. Un vol. in-12.

TRAITÉ DE LA PATINOTECHNIE, ou l'Art de patiner, par A. Covilbeaux, professeur attaché à l'Instruction publique. Un vol. grand in-18, orné de 15 belles lithographies.

LE DUEL DU CURÉ, charmante nouvelle tirée d'un épisode de 1848, par M. Dechastelus. Un vol. grand in-18.

PEINTURE LITHOCHROMIQUE, ou Imitations sur toile, et l'Art de donner aux objets dessinés au crayon, à l'estompe, aux lithographies, gravures, etc., l'apparence d'une jolie peinture à l'huile, suivie des procédés pour peindre et décalquer sur le bois et les écrans et d'obtenir, avec un petit nombre de couleurs, toute espèces de nuances. 5° édit., 75 c.

PEINTURE ORIENTALE, ou l'Art de peindre sur papier, mousseline, velours, bois, etc., et de décalquer sur verre, suivie de la Peinture sur porcelaine, sur verre et sur cristaux, 3° édition, grand in-18. 75 c.

L'ART de faire en **PHOTOGRAPHIE** des miniatures d'une ressemblance parfaite sans savoir ni peindre ni dessiner, par Pinot. 1 vol. in-8. Prix, 6 fr.

Paris. — Imprimerie de POMMERET et MOREAU, 42, rue Vavin.

www.ingramcontent.com/pod-product-compliance
Lightning Source LLC
Chambersburg PA
CBHW070308230526
45470CB00002B/779